U0128654

范耕研著

藟硯齋叢書之十四

范耕研手蹟拾遺

文史哲出版社印行

范耕研手蹟拾遺

王庚昆書

著者范耕研遺影

生於 1894 年農曆 10 月 8 日江蘇之淮陰
逝於 1960 年 7 月 27 日上海市
享壽六十七歲

著者德配萬太夫人遺像

生於 1899 年農曆 2 月 21 日江蘇之淮陰
逝於 1946 年農曆 2 月 6 日淮陰水渡口老宅
享年四十八歲

范耕研手蹟拾遺

目次

輯印說明

先父耕研公著作雖豐，僅於戰前商務印書館出版《墨辯疏證》一種。抗戰淪陷期間仍勤讀不輟，時有著述，惜於文化大革命時存稿遭紅衛兵掠奪，為使劫後遺著不再散佚，已於台灣刊刻《蘦硯齋叢書》十三輯。現繼整理日記中之札記，惟内容涉及甚廣，尤以對文字學及佛經部分之研究，頗多難以瞭解之處，時遇瓶頸，望而卻步，終至躊躇不前。前年憶及先父善篆，時有親朋索書，遺墨中更見正楷亦工整悅目，行草則變化多端揮灑自如。似應輯之成冊，乃有輯印《范耕研手蹟拾遺》之議。

先父生當亂世，未能為自己留下值得紀念之翰墨，殊為可惜。現存手蹟僅為著作原稿、家人間信函、轉錄鄉先賢著作之手抄本、抗戰期間日記及讀書研究時之眉批。初即以内容區分，計有：題箋、題詩、著作原稿、日記、手抄本、信札及眉批。前兩類乃集於現存美國嘉兒寓者，多已納入，後者每種或少或多亦略選數頁。於各類中再分別按書寫時之年月順序編排。繼經研商，顧及本輯係以手蹟書法為主，遂改為書體分類，即以篆書、楷書、行草及硬筆之順序排列。先父對文字之結構融會貫通，能隨興之所至，時見篆而兼隸、楷中有篆或行隸難分之作，惟僅只五頁，附於篆書之後，各類再按時間順序。偶有行草，但易識別，故除篆字皆加釋文外，為免多占篇幅，餘均不另贅注。

先父寶愛《符山堂詩》，多次轉錄，並描繪其作者〈文孝先生像〉，維妙維肖幾可亂真。其間復購得初刻本之殘本，又將所殘缺〈吳序〉部分亦以原本描仿補綴，冒然視之，竟莫之能辨孰為刻本孰為手描，特將手抄本與原刻本並列以比較。然使數頁《符山堂詩》部分未能按時間順序編排，略顯混亂，惟本輯以書法為主，無關緊要，遂未之計。又日記中曾描繪〈鹽城地圖〉及《符山堂詩》中〈吳載鰲印信〉，與〈文孝先生像〉有異曲同工之妙，亦未按時間前後列入。

先父戰後給子女之家書，由於生活不定，多已散佚。僅震遷居台灣後尚能保有，略檢一信（二頁）。大姊珊祜亦僅有一信及其信封。因係硬筆書寫，有別於其他之毛筆，亦附以另增一類。

《手蹟》僅選得百餘頁，由於原紙張大小不一，凡於一般廿五開紙能容納者，即用原尺寸，其超出者不得不予以縮小，但注明縮小之百分比。選印各篇有係專心所書，有為信手寫來，均可略知寫時之心情與環境，而所用之毛筆是否合用或已近於不堪使用，寫來常難如人意。所集並非專為出版之作，自非先父所全部中意者，誠美中不足，要在能保存先父手蹟耳！

附錄亦為手蹟，惟非出自先父之手。乃鄉賢凌放盦先生題箋、先父摯友張煦侯先生贈詩、信函及耐寒公邢表伯書信。另有書家於世達先生、張白翎先生各賜近作、祖援表兄及現居俄州哥城之高鄰王庚昆先生除即時揮毫外，尚為本輯題署封面及扉頁。

先父為家中藏書於戰亂時得以保存，每於日記與題箋中一再感懷先母護持之德，本輯仍援印先父母遺影以為紀念。

二零零四年九月　淮陰范　震於美俄亥俄州哥倫比亞城芸女寓

高序

柳師劬堂嘗盛稱淮陰三范，以績學聞於南雍。伯尉曾，字耕研，號冠東，治周、秦諸子；仲紹曾，攻物理、化學；叔希曾，字耒研，初為歸、方古文，繼為目錄、版本之學，皆有聲於時。先兄孟起與三范同時就讀於南京高等師範，與耕研之私交尤篤，常為余言之。民國十四年，余入南雍，每訪龍蟠里國學圖書館，猶及見耒研，繼讀其《書目答問補正》，更深儀其人。顧余卒業於南雍時，耒研業棄世。遭時喪亂，先兄故於行都之歌樂山，與范氏之音訊遂絕。一月前，鹽城司教授琦兄來訪，述及其鄉賢范君耕研之長公子名震者在臺，今春曾返鄉探親，攜出其父叔遺稿之倖存者如《墨辯疏證》、《呂氏春秋補注》、《莊子詁義》、《書目答問補正》，及其父之詩詞殘存於日記中者將輯集之，並刊為《范氏遺書》，而屬其問序於余。余知耕研所著尚有《文字略》十卷、《淮陰藝文考略》八卷、《韓非子札記》二卷、《張右史詩評》二卷、《宋史陸秀夫傳注》一卷，均於所謂「文化大革命」時燬佚於紅衛兵之手。其子恐其父叔之心血所注，若再亡佚，將何以對先人於泉下，乃有遺書之刊印。其孝思之誠篤，在今日不可多見，實足以風世而正俗矣，因樂而為之序。

中華民國七十八年三月高郵高　明謹撰於木柵之雙桂園

邢序

吾鄉范府，書香世家，代有大儒，譽滿淮揚。有關丹棱公及「淮陰三范」與「范氏二傑」等之事蹟、著述及對文史學術之貢獻，已詳載於《淮陰市誌》、《淮安名人錄》、《淮陰文獻》各輯暨在臺出版之《藷硯齋叢書》一至十三集之序、跋中，毋需贅述矣。月前剛侯表弟將其先尊翁范公耕研大表叔所書翰墨百餘件見示，並擬輯成《范耕研手蹟拾遺》付梓，囑為撰述序言。余素嗜書法，尤喜篆書，研覽之餘，愛不釋手。惟以深體耕公大叔書道功力深厚，自度學有未逮，勢難窺其堂奧，經固辭未獲，乃不得不勉為其難，略抒心得，固未能罄述其成就於什一也。

耕公大叔書法對正、草、隸、篆四體，無不精通。運筆自如，早在當年執教於揚州中學時，即已揚名學界。據悉彼時書贈親友、學生之楹、聯、屏、軸，不勝枚舉。惟時逾甲子，戰亂頻仍，幾經搬遷，變化至鉅。雖經剛侯表弟數度赴大陸誠心搜求，惟均難獲原璧。今僅能在所蒐集之函、稿、書冊中，就其有關封面之題署、抄謄之古籍、往還之函牘、研讀之眉註等相關資料，剪輯影印，編纂成冊。以其遺珠必多，故名之為《范耕研手蹟拾遺》。鑒於此類翰墨之編輯方式，亦頗具獨樹一格之深意，傳諸後世，永垂不朽。如此保存先人手蹟與珍貴之文化遺產，可謂孝思不匱，用心良苦，至為敬佩。

古今對書畫家之評鑑，每視其本身之文化背景與素養為基礎。蓋凡具有深厚之文化背景與素養者，其表現於書畫作品上，亦必能超凡脫俗。是故古今成名之書畫家，多係出諸名人雅士之手，亦有詩、書、畫三者具有相互關聯之說，誠非虛言也。

素仰耕公大叔在文化背景與學術成就上，均具有深厚之基礎，爰略申言之：

其一、祖父丹棱公嫻諳經史，博覽群籍，諸子百家，無所不通，學識淵博，著述等身。由於家學淵源，耕公大叔自幼即深受薰陶，影響至深且鉅。

其二、耕公及長，畢業於南京高等師範，專攻文史，埋首苦讀，成就非凡。爾後畢生從事文史學術之教化，蔚為名師。教學之餘，更研究考據，不遺餘力，旁徵博覽，致能著其大成。觀其酷愛書籍，凡遇古籍孤本，則恭整抄謄，用功之勤，洵非今人可以比擬。故對考據著述，至為豐碩，早已載譽學術界。因其具有如此深厚之文化背景與素養，故表現於書法內涵上，自能臻於至高之境界。

其三、耕公在中國文學範疇中，復特致力於文字學之研究。早期曾以十年之時間，精心著有《文字略》一書，凡十卷。惜原稿在「文革」期間被抄掠。抗戰後期亦曾為兒女講授《說文解字》，編有《說文部首授讀》稿，已在臺出版（本叢書第八輯）。探其內容精神，不僅就前人《說文》詳加闡釋，更對原著解說未盡與欠妥之處，增加若干新義與發現。令後世讀者，有豁然貫通之感。因此，對文字學之貢獻，實非淺鮮。

尤有進者，研究文字學者，首須探索文字之起源，每一文字之起源，必自殷墟甲骨、鐘鼎石鼓、以迄秦篆、漢隸等，追本溯源，其所費之功力，當可想知。此亦形成其深喜篆書，且所書小篆中亦每含有鐘鼎之筆意。即在平時來往函札、筆記之間，亦每夾有篆文古字在內，是可證明。

綜上所述，當可獲悉耕公大叔家學淵源，且有深厚之中華文化背景。加之多年鑽研，讀書教學、著述揮毫，從未中輟，故對文史考據，造詣至深。以致能在書法之造詣與表現上，其文化氣質已充分表現無遺矣。

再就其諸體書法而論：以篆書言，似仍以秦李斯之泰山石刻與唐李陽冰之正規篆體為依歸。惟其特色在於匯入鐘鼎之篆法，故能樸實古拙、正心誠意，並不效法清末諸篆家，以華巧流放、甚至故增轉折、體形縱長為能事。隸書雖蒐集不多，然仍可窺及其曾遍覽漢碑諸體，循其中道。行草則師法二王，在流暢純熟、揮灑自如中，不失其規範。正楷似以顏柳為基礎，尤其表現於謄抄古籍方面，雖屬長篇鉅冊，仍能始終一貫，規矩不苟，至為難能可貴。總之，耕公大叔之翰墨，除功力深厚之外，更可表現其為循循君子，一代宗師。在畢生治學之餘，又以勤習書法為最大之興趣，蓋即為其修身養性之不二法門。良足為現代人士之師法，令人敬仰無已也。

愚表姪邢祖援謹序時年八十八歲

中華民國九十三年二月一日於臺北市

篆書

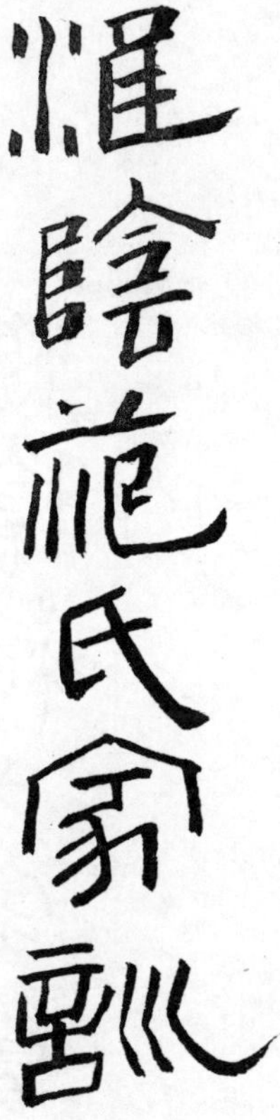

「淮陰范氏家訓」
一九二零年　祖父冕公致諸孫信合訂本封面　淮陰人和巷

「淮陰范氏家書 前編一」
一九二零年　與二弟紹曾、三弟希曾間之書簡封面　淮陰人和巷　85%

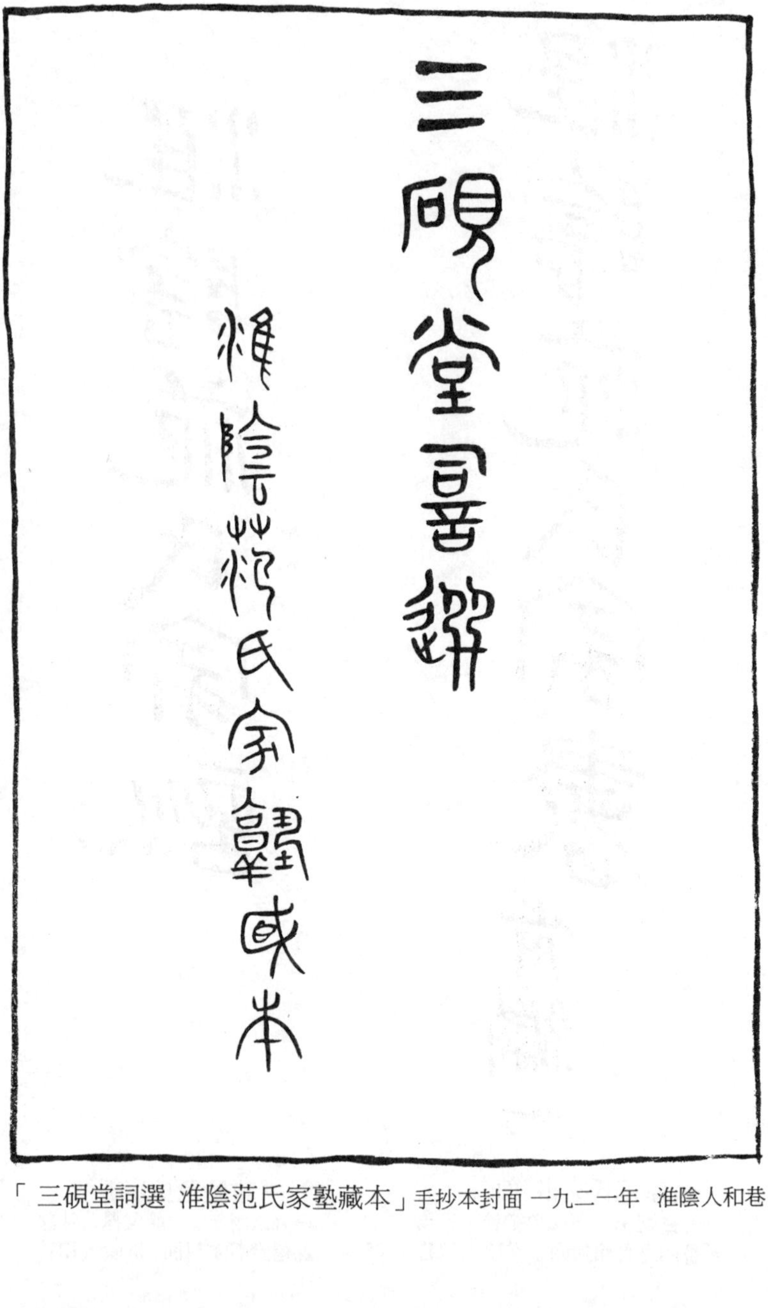
三硯堂詞選
淮陰范氏家塾藏本

「 三硯堂詞選　淮陰范氏家塾藏本」手抄本封面 一九二一年　淮陰人和巷 85%

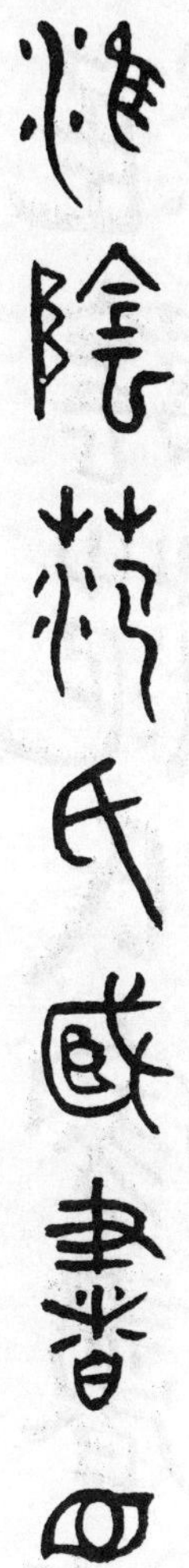

「淮陰范氏藏書目」
一九二二年　於淮陰
人和巷兩題封面

「三硯堂藏書目」
一九二二年　於淮陰
人和巷兩題封面

100%

「淮陰范氏家書　五」
《淮陰范氏家書 五》封面
一九二四年　於淮陰人和巷

「淮陰范氏家書　七」
《淮陰范氏家書 七》封面
一九二五年　於淮陰人和巷

85%

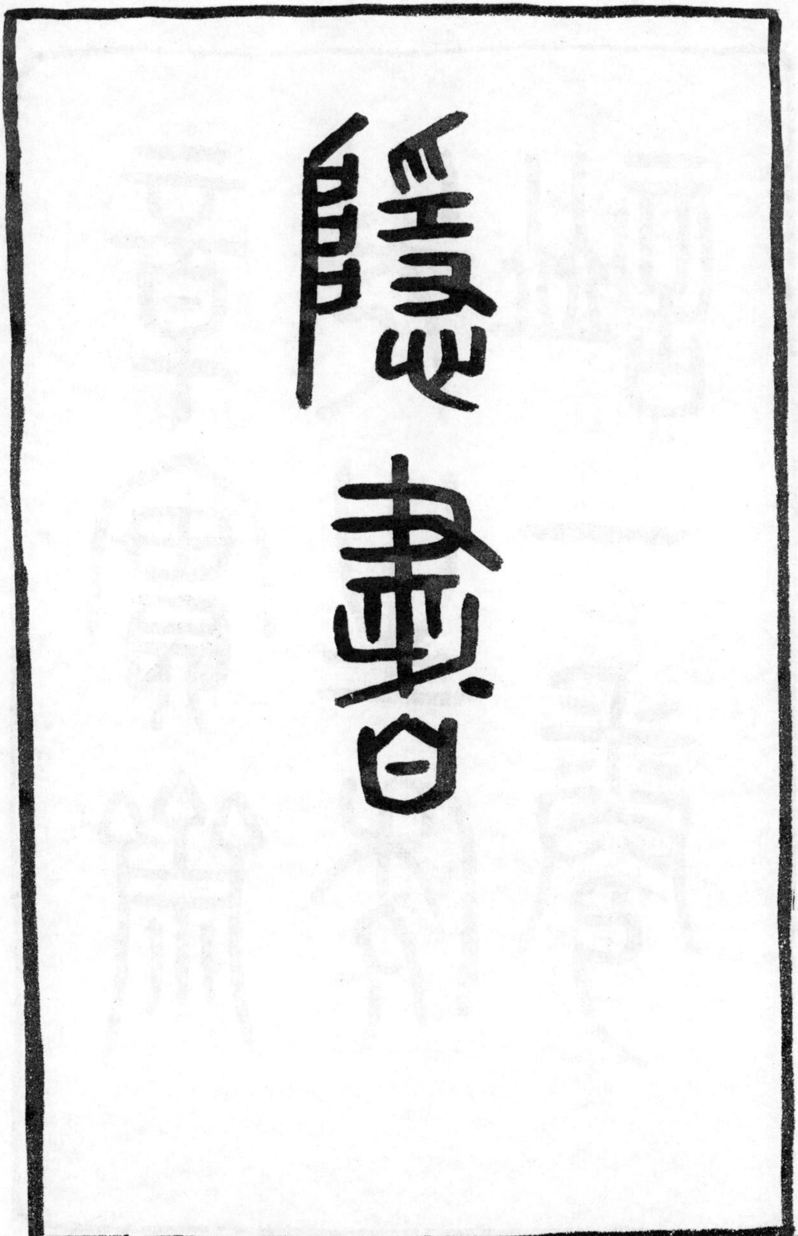

「隱書」本叢書第一輯《范氏隱書》原稿本扉頁 一九二五年 於淮陰人和巷 85%

「章實齋先生年譜一卷」本叢書第十一輯扉頁　一九二七年　淮陰人和巷　85%

「淮上四先生詩鈔」　手抄本封面　吳承恩（汝忠）撰

一九二八年正月十日　揚州中學　　85%

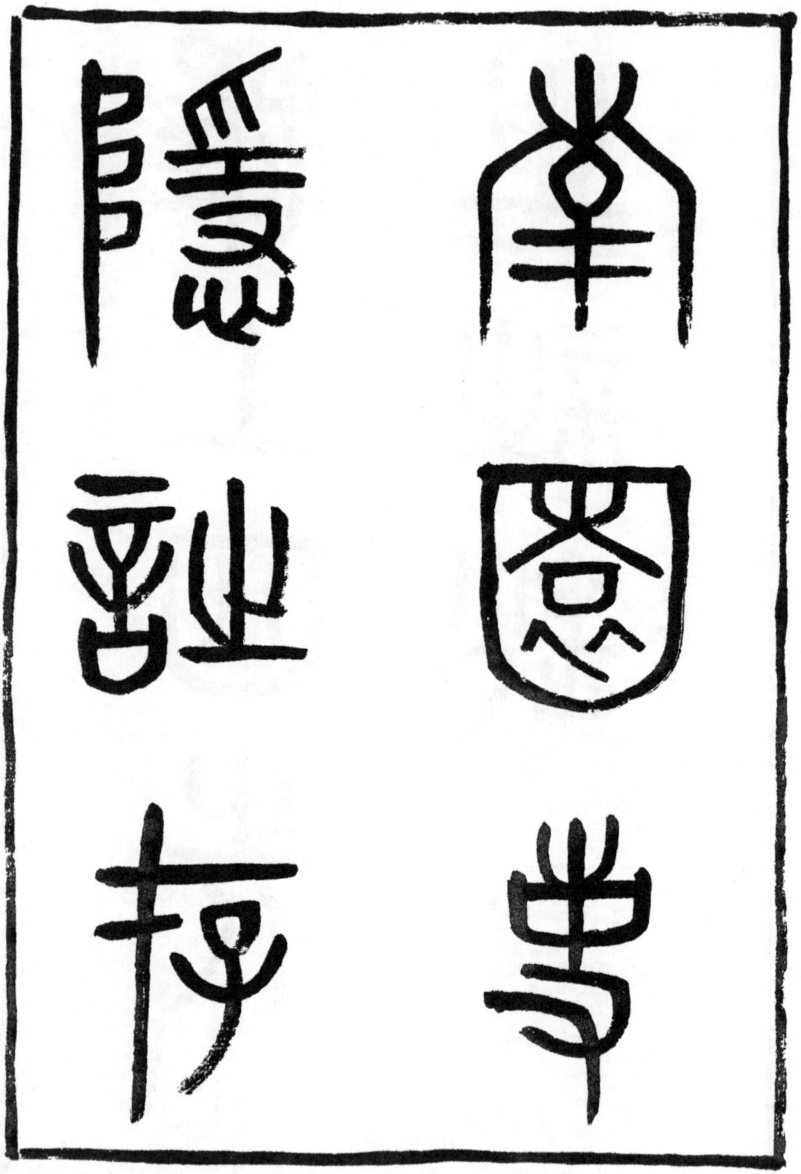

「南園吏隱詩存」 手抄本封面 蒲快亭（忭之）撰
一九二八年 揚州中學南樓 85%

「三硯堂鈔藏」《南園吏隱詩存》扉頁 100%

「丁卯暮春寫定」 《章實齋先生年譜》扉頁 100%

「淮陰范氏家書 十」《淮陰范氏家書十》封面
一九二九年 淮陰人和巷
85%

「浦寧篇」《淮陰范氏家書 十》扉頁 淮陰人和巷
85%

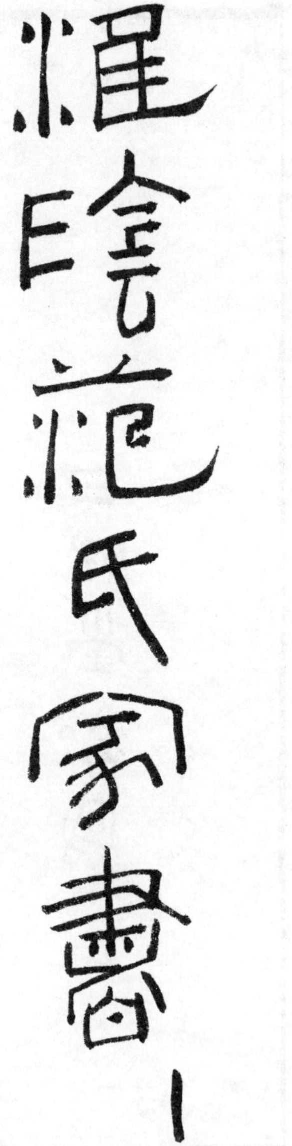

「淮陰范氏家書 十一」《淮陰范氏家書十一》封面 一九二九年 淮陰人和巷

85%

「揚寧篇」《淮陰范氏家書 十一》扉頁 淮陰人和巷

85%

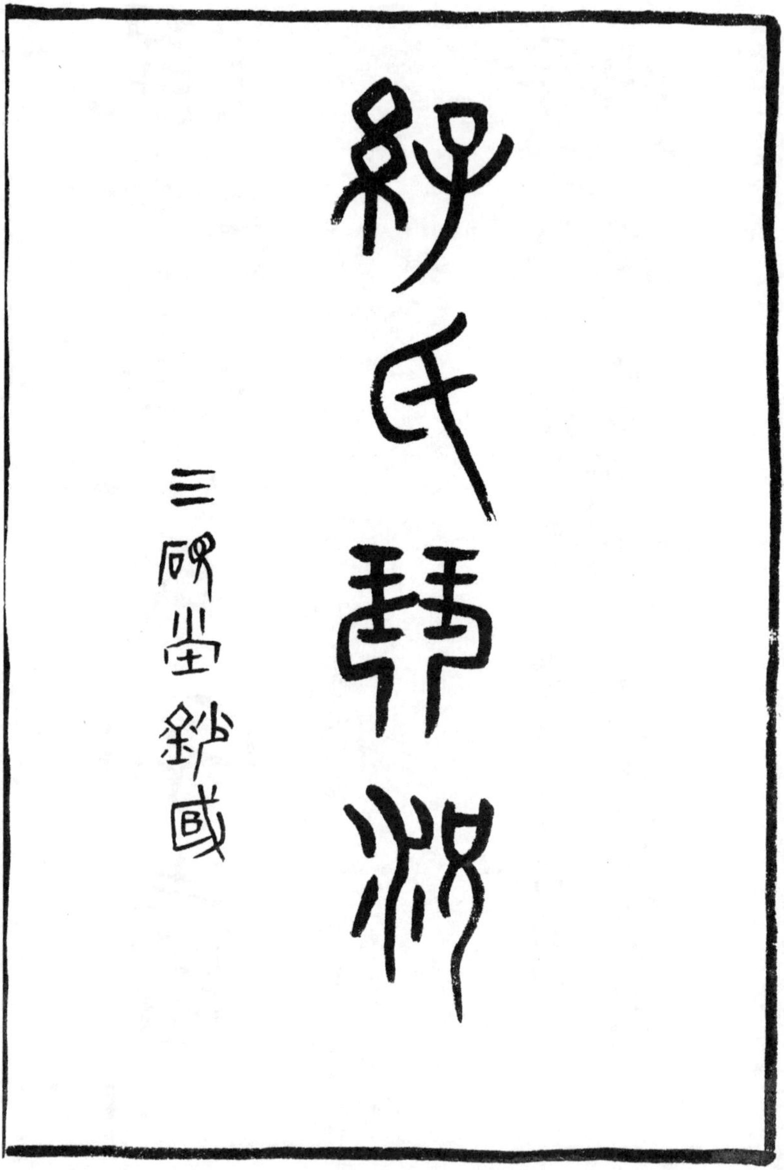

「孫氏琴況 三硯堂鈔藏」 《孫氏琴況》手抄本封面 孫長源（問津）撰
一九二九年十月二十日 揚州中學南樓 85%

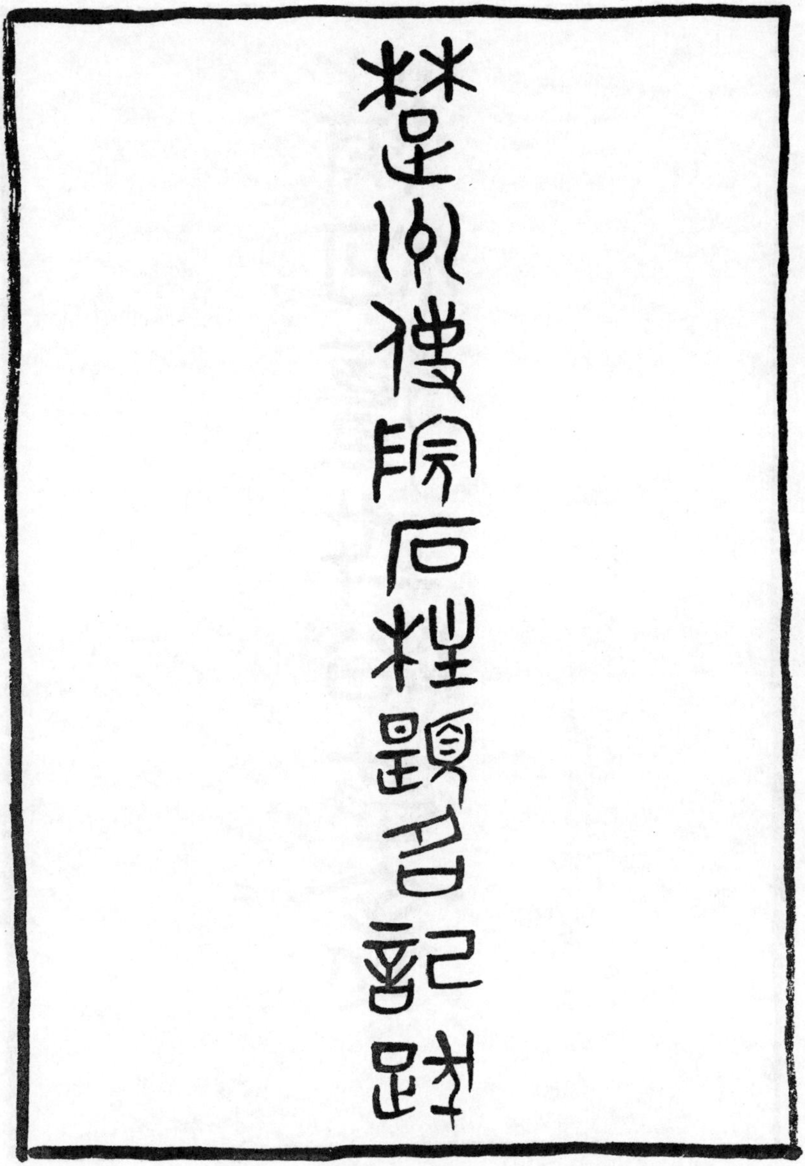

「楚州使院石柱題名記跋」　手抄本封面　蕭令裕（枚生）撰
一九二九年十二月二十八日　揚州中學南樓　85%

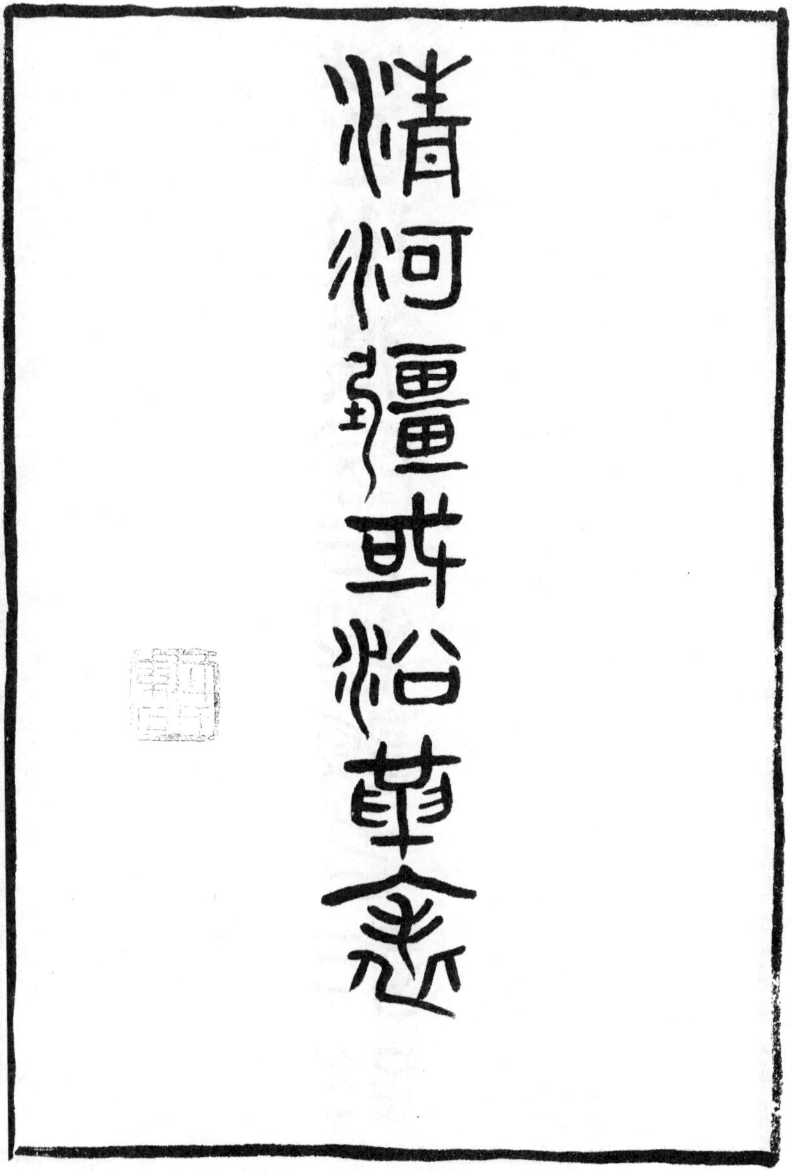

「清河疆域沿革表」 手抄本封面 蕭令裕（枚生）撰 一九二八年十二月二十八日 揚州中學南樓 85%

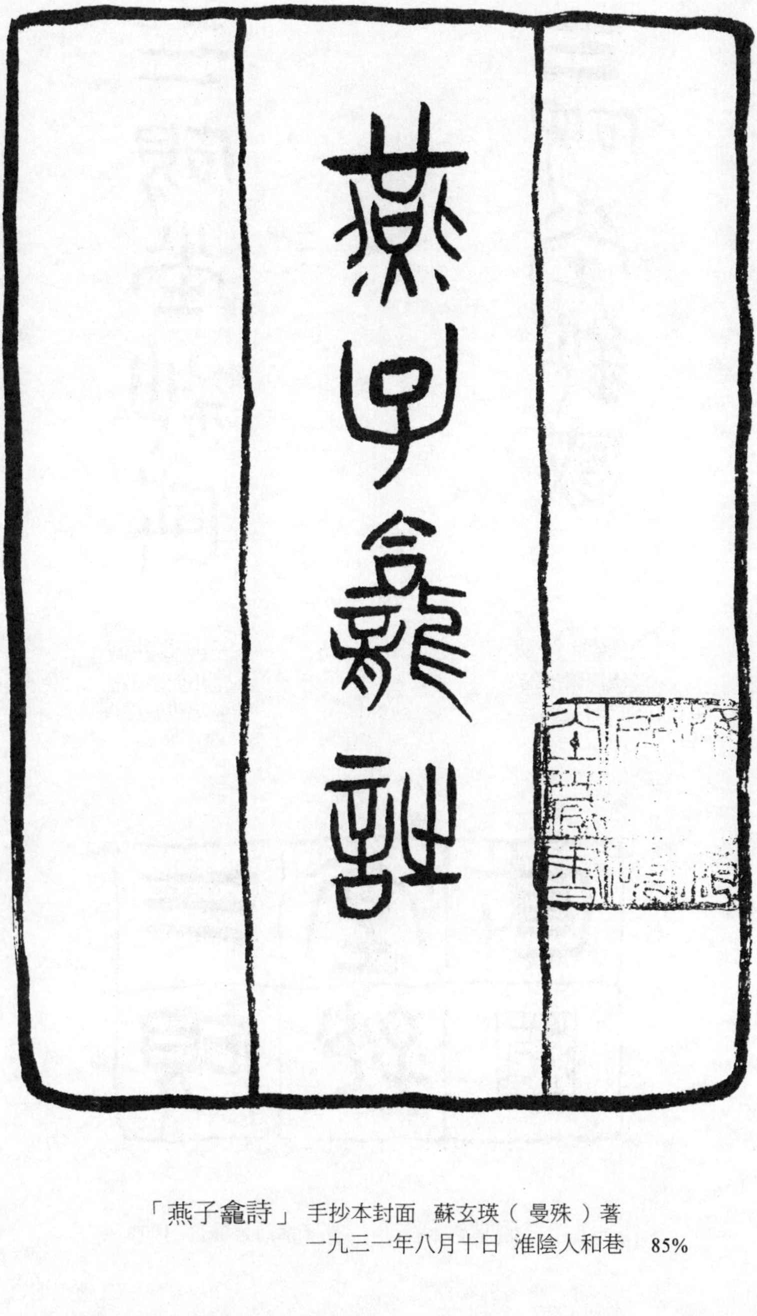

「燕子龕詩」 手抄本封面　蘇玄瑛（曼殊）著
一九三一年八月十日 淮陰人和巷　85%

「三硯堂鈔藏」
《清河疆域沿
革表》 扉頁

100%

「三硯堂鈔藏」
《楚州使院石柱
題名記跋》扉頁

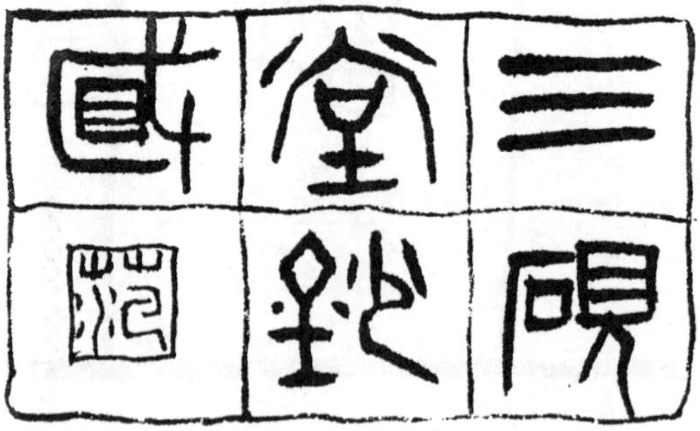

「三硯堂鈔藏 范」《燕子龕詩》扉頁 100%

「淮陰張氏敦厚堂世德堂宗譜合刊」 張須（煦侯）著 一九三三年 揚州中學
85%

「學林」 原題於一九三五年淮陰蘇北日報 學林週刊 現爲本叢書第十二輯封面
100%

「說文部首授讀」 本叢書第八輯原稿本封面 一九四五年 江蘇寶應芮府
100%

「李長吉詩鈔」手抄本扉頁　一九二七年　淮陰人和巷　100%

「墨辯疏證」　一九三五年題於商務印書館出版之《墨辯疏證》封面　揚州中學　100%

「南獻遺徵箋」　本叢書第三輯扉頁　范希曾（耒研）著
一九三一年　淮陰人和巷　100%

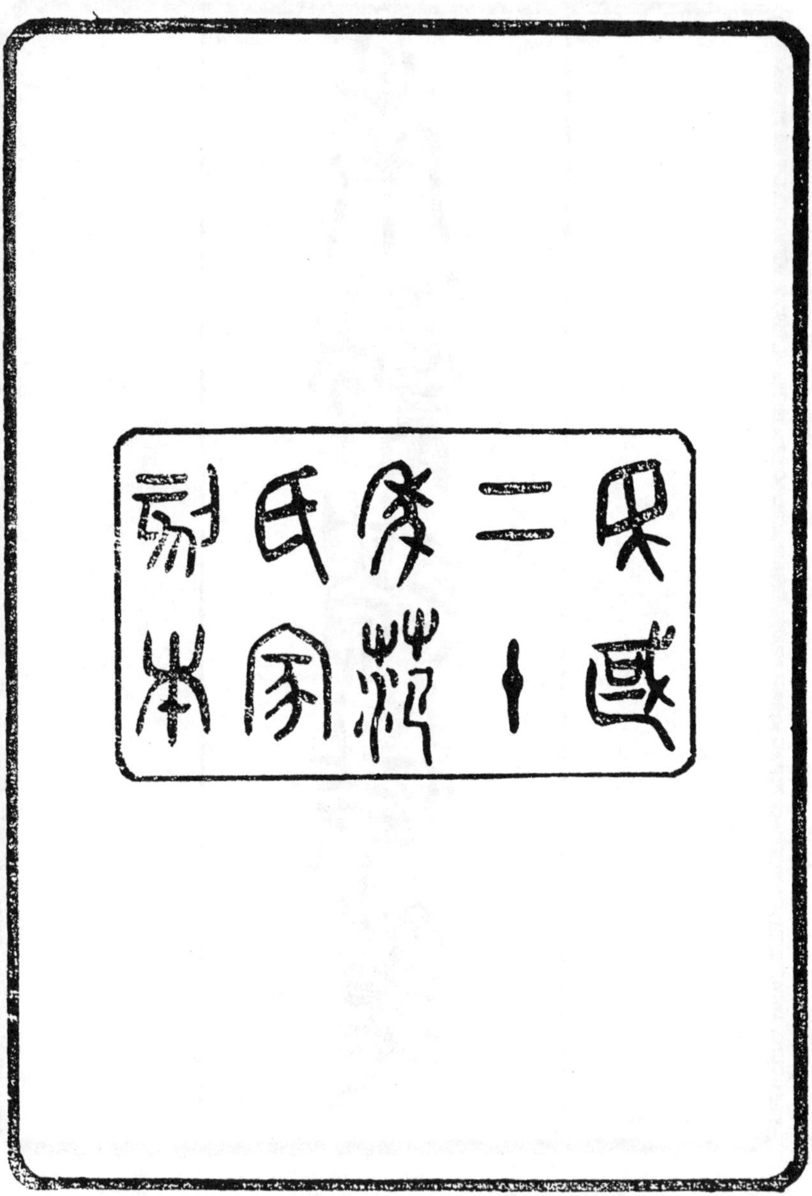

民國二十年范氏家刻本

「民國二十年范氏家刻本」　《南獻遺徵箋》扉頁背面　100%

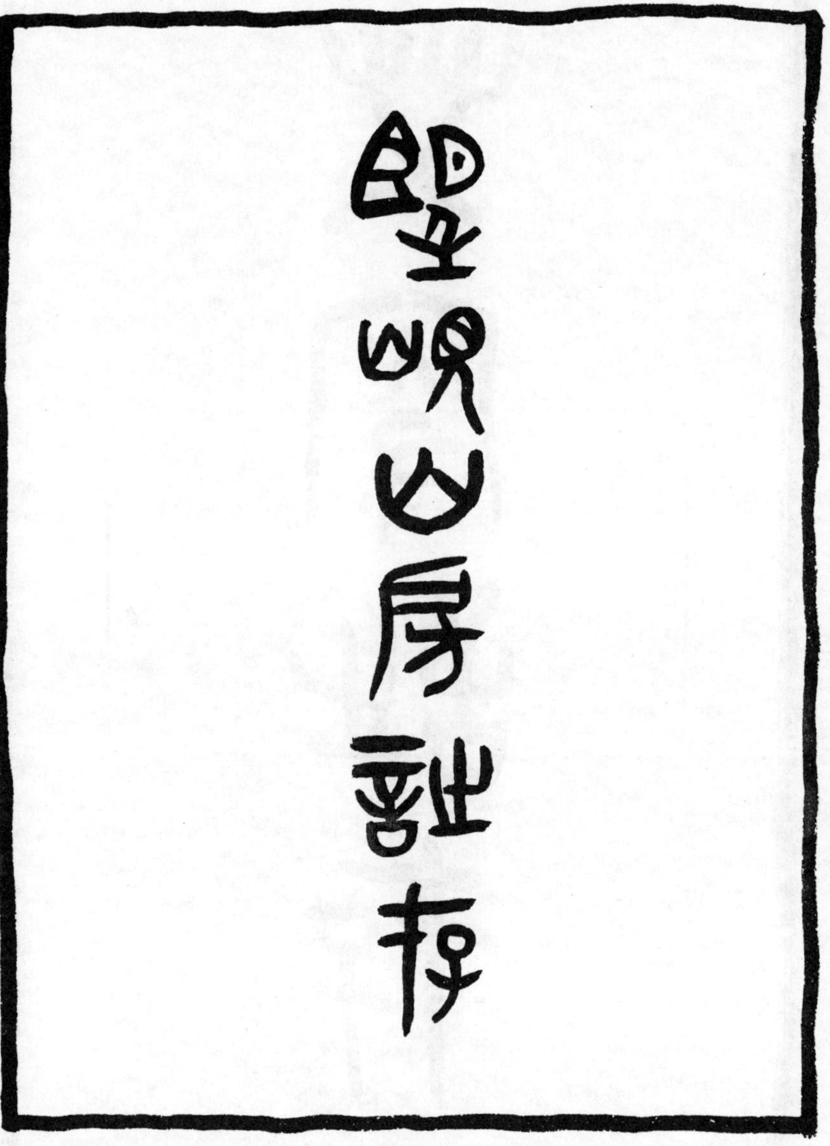

「望 峴山房詩存」　手抄本封面　程人鵠著　一九三二年十二月十七日
揚州中學南樓　100%

「艾叟詩存」 手抄本扉頁 聞溥（漱泉）著 一九三三年 揚州中學北樓 95%

「王家營志」 張須（煦侯）著　一九三三年 揚州中學 100%

「先芬錄一卷」　張須（煦侯）著
一九三三年三月 揚州中學　100%

「清河縣志」《嘉靖縣志》抄本（購自北平圖書館）封面
一九三五年 揚州中學 85%

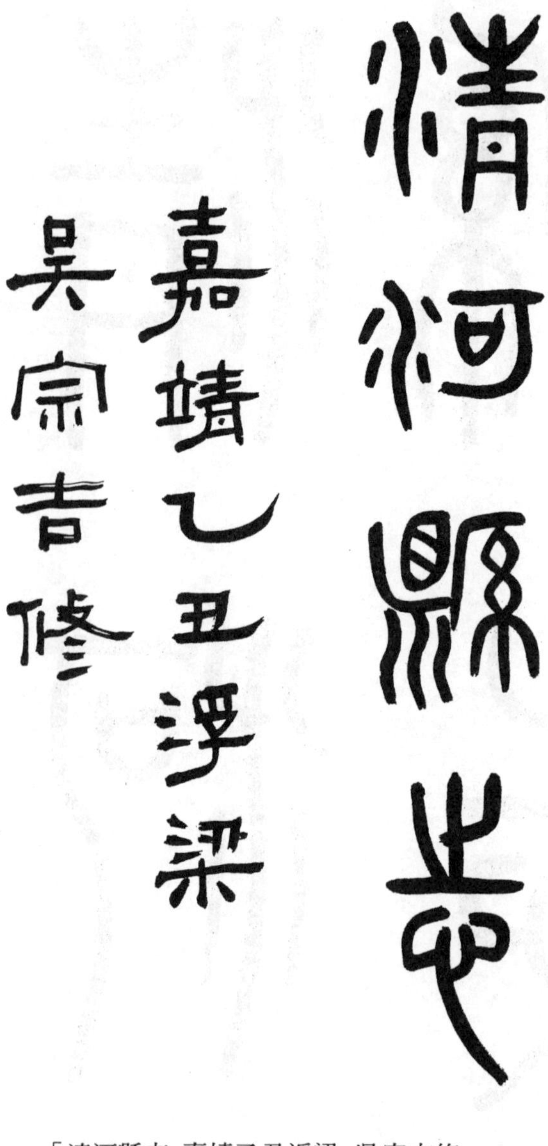

「清河縣志　嘉靖乙丑浮梁　吳宗吉修」
《嘉靖志》扉頁　一九三五年　揚州中學　　85%

「淮陰范氏抄藏」 《嘉靖志》封面之背面
一九三五年 揚州中學 100%

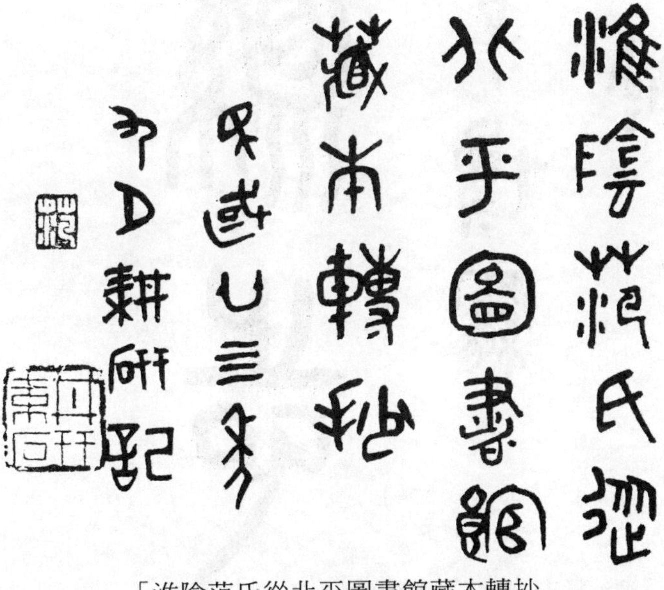

「淮陰范氏從北平圖書館藏本轉抄
民國廿四年九月耕研記」《嘉靖志》扉頁
背面 一九三五年 揚州中學 100%

「清河縣志　康熙壬子博羅　鄒興相修」
《康熙志》手抄本封面　一九三六年二月
揚州樊廬　85%

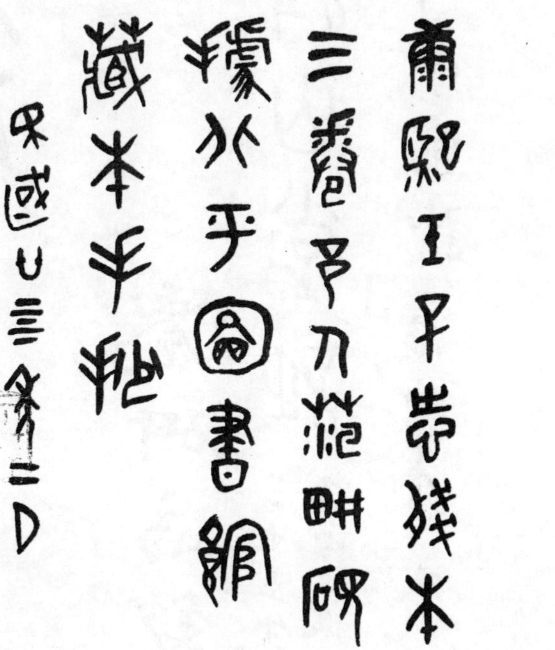

「康熙壬子志殘本
三卷邑人范耕研
據北平圖書館
藏本手抄
民國廿五年二月」
康熙志扉頁　揚州中學
85%

「江都焦里堂先生年表」本叢書第七輯封面
一九三七年五月　揚州中學
85%

「符山堂詩」手抄本扉頁
一九三九年二月二十五日
淮陰水渡口　85%

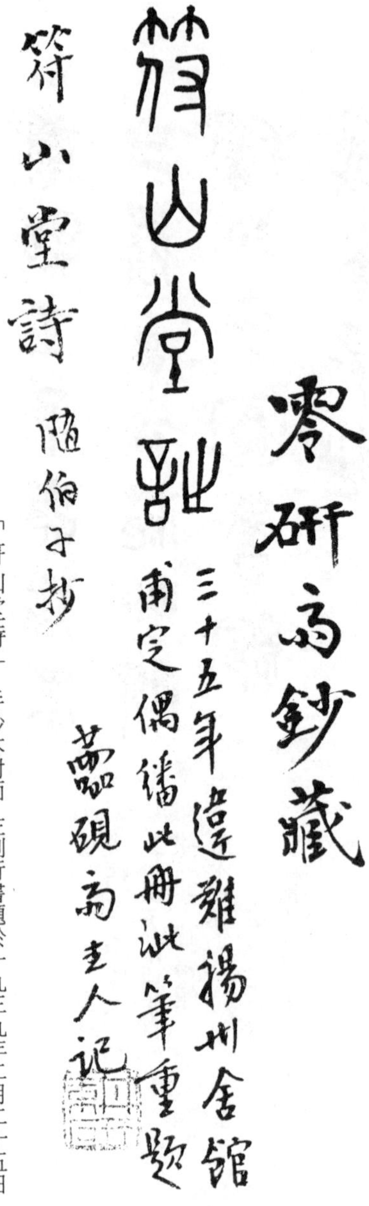

「符山堂詩」手抄本封面　左側行書題於一九三九年二月二十五日
淮陰水渡口　右側篆字則題於一九四六年　揚州中學
76%

「硯齋日記」
一九四零年十二月三十一日題於一九三七年十一月十六日至一九四一年二月二十三日日記封面　鹽城時楊莊

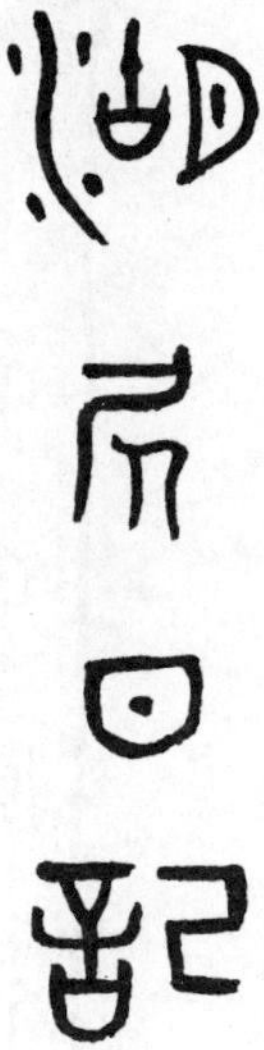

「湖居日記」
一九四一年二月題於一九三七年十一月十六日至一九四一年二月二十三日日記重抄本封面　鹽城時楊莊

100%

「覺山詩鈔」手抄本封面　劉坤著　一九四一年六月二日　淮陰水渡口

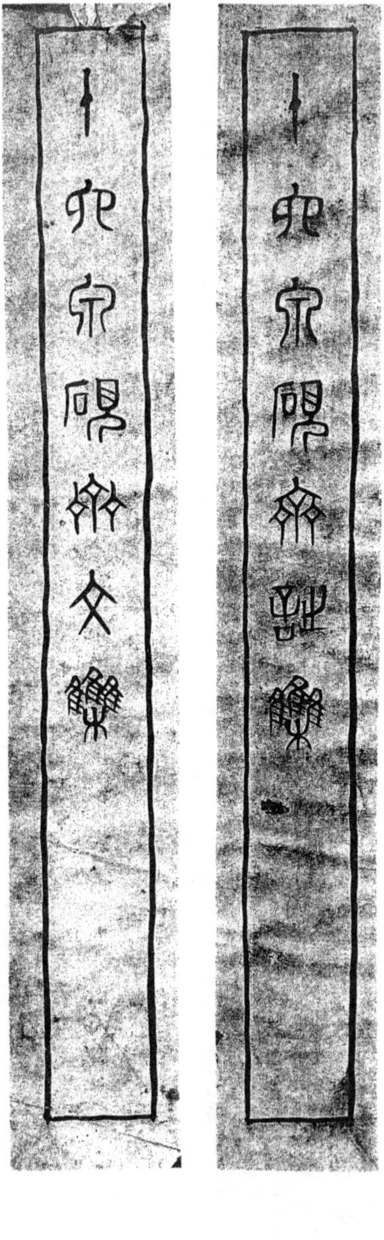

「十六錢硯齋詩集」「十六錢硯齋文集」
萬松巢著 本叢書第十三輯原稿本封面 一九四一年 淮陰水渡口
85%

「淮東日記」 一九四二年二月二十二日至七月十一日日記封面
淮安蛇峰八臨中
85%

「符山堂詩」　一九四三年冬題於初刻本殘本扉頁 淮陰水渡口　100%

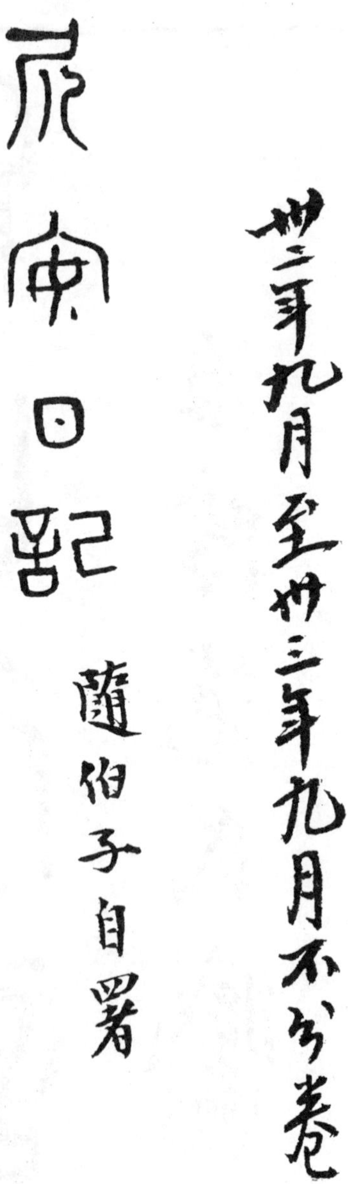

「居安日記」 一九四三年九月至一九四四年日記封面 江蘇寶應芮府 100%

「藷硯齋雜著兩種」 本叢書第六輯封面 一九四四年 江蘇寶應芮府 100%

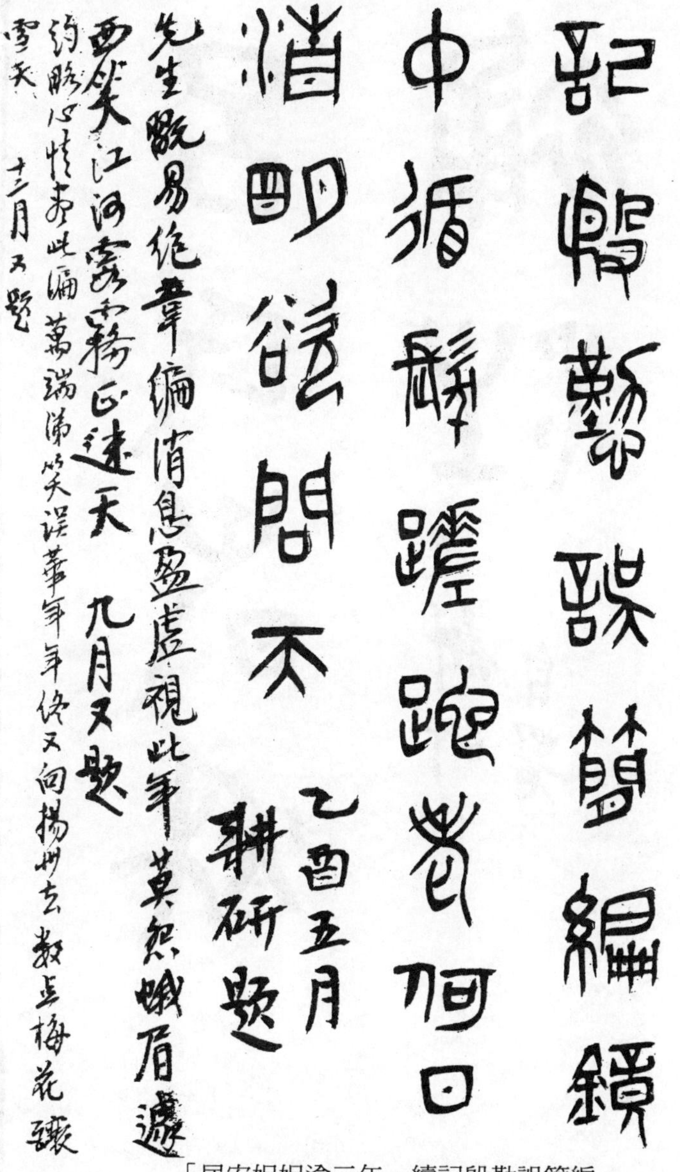

「居安娖娖逾三年，續記殷勤誤簡編。
鏡中循髮蹉跎老，何日清明欲問天。」
一九四五年題於居安續記扉頁 江蘇寶應芮府 85%

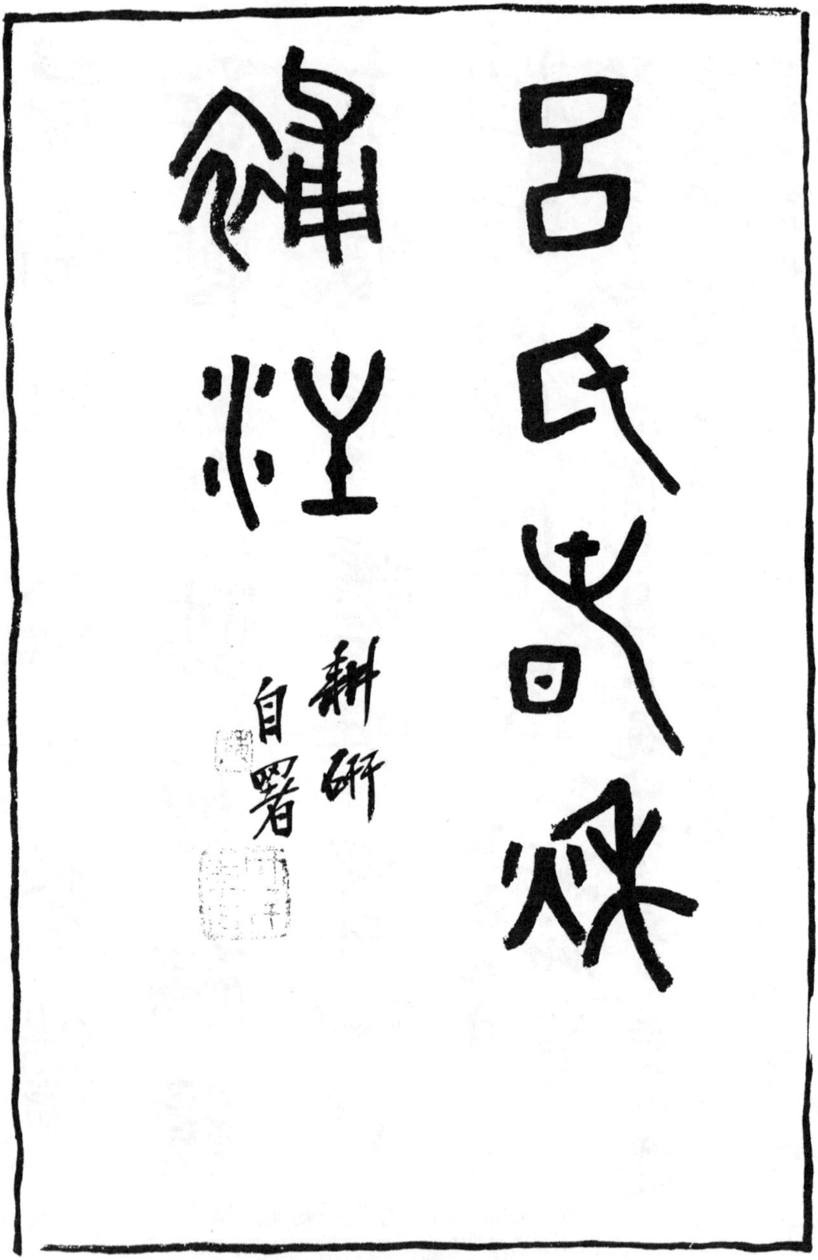
呂氏春秋補注

耕研自署

「呂氏春秋補注」　本叢書第二輯原稿本扉頁　一九四七年　上海虹口興亞新村 85%

篆書

「人體解剖圖 骨學 范震繪」 一九四七年四月 上海虹口興亞新村 75%

「人體解剖圖 肌肉學」 一九四七年四月 上海虹口興亞新村 75%

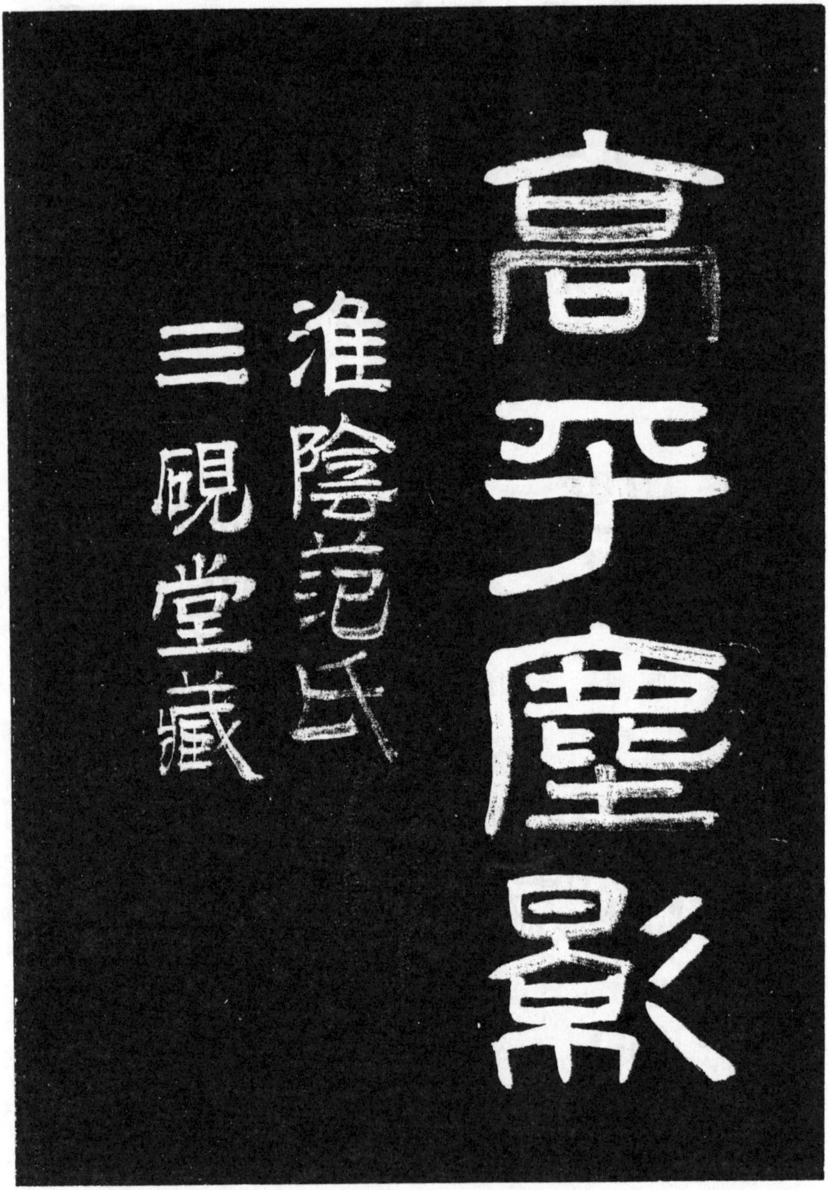

「高平塵影　淮陰范氏三硯堂藏」一九五六年題於照相簿　上海虹口興亞新村　85%

本季訂裝昔授出舊信八件取弁卷首中有上祖父書嗚呼先人往矣展視增悲此後無作此種信之日矣孫延寀也耕

一九二四年題於
《淮陰范氏家書 五》
扉頁 淮陰人和巷

本（是）年鄉饑季以戰事停學慕東左家故十月前（因）無有函件此冊以來研吉事最占篇幅

十三年十月望十四年十月

篆書

一九二五年題於《淮陰范氏家書 六》扉頁 淮陰人和巷　　85%

乙丑變奉軍圍清江余家播遷在外
分爲三地家母留浦余及耒研攜
挈婦稚奔赴墓東旅舍於鎮江
耒研又偕婦隸寓杭州亂世音
訊愈爲繁密昔日無多積成
十四年十月至十二月一冊矣　耕研記
則多親友慰問之信數通太埘丐題

一九二六年題於《淮陰范氏家書 七》扉頁　淮陰人和巷　85%

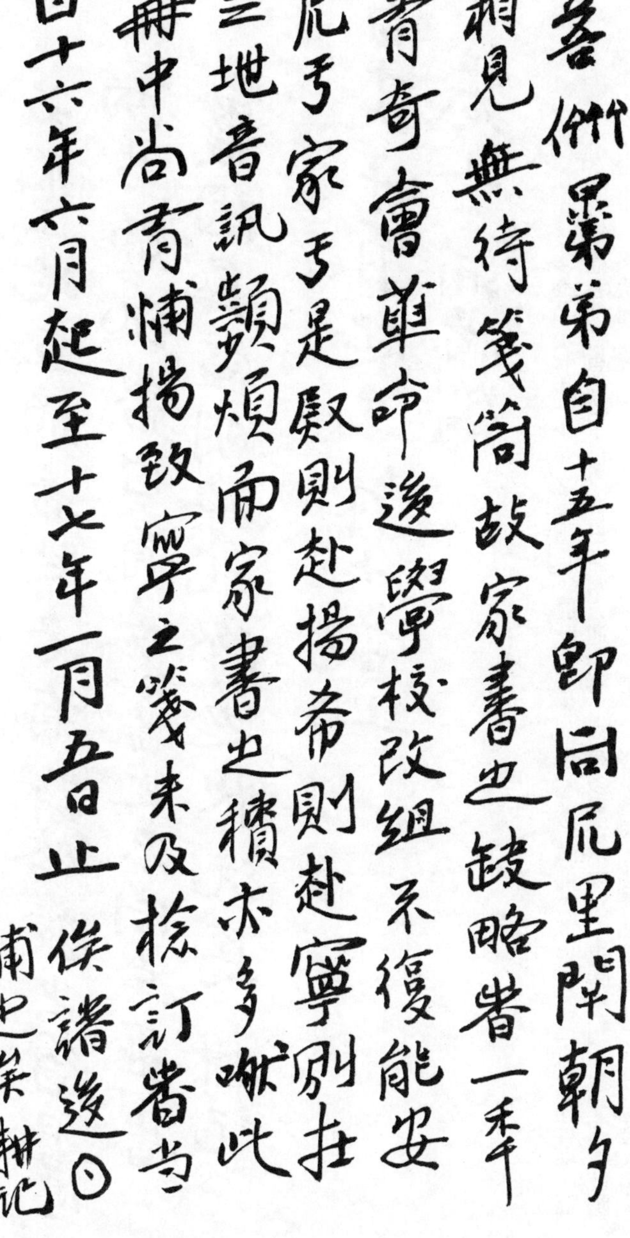
吾儕昆弟自十五年即同居里閈朝夕
相見無待箋簡故家書之缺略者一年
有奇會革命後學校改組不復能安
居于家于是尉則赴揚希則赴寧別在
三地音訊頻煩而家書之積亦多然此
冊中尚有浦揚致寧之箋未及檢訂者當
自十六年六月起至十七年一月五日止俟諸後日
補之矣耕記

「吾儕昆弟自十五年即同居里閈，朝夕相見，無待箋簡，故家書之缺略者一年有奇。會革命後學校改組，不復能安居于家。于是，尉則赴揚，希則赴寧，別在三地，音訊頻煩，而家書之積亦多。然此冊中尚有浦揚致寧之箋未及檢訂者，當俟諸後日補之矣。耕記」

一九二八年題於《淮陰范氏家書八》扉頁　淮陰人和巷

85%

本卷乃十七年上半年之家書也歷時不多
然已纍纍一巨冊蓋緣吾等三人
分居三地互通音問各有詳略較之昔日僅
兩方通訊者自有多寡之不同矣異時、
覆閱愈益明瞭此際之狀況焉　耕記

自十七年二月起至八月十五日止
卷上　浦揚篇

本卷乃十七年上半年之家書也，歷時不多，然已纍纍一巨冊。蓋緣吾等三人分居三地，互通音問各有詳略，較之昔日僅兩方通信者，自有多寡之不同矣。異時覆閱，愈益明瞭此際之狀況焉。　耕記」

一九二八年題於《淮陰范氏家書 九》扉頁　淮陰人和巷

79%

五月十六

祖父大人尊前大局平復人民少受驚恐省欵受時局影響非常艱窘各校疊次向財所交涉未知得何結果也紹希在南京甚為平安以前同學有返里者今又紛〻歸校揚州各事如恒天時頗旱久不雨未審清江如何

一九二零年五月十六日於揚州省立第八中學上祖父冕公書　82%

也前寄十元往南京後得南京覆信說可
以夠用敬請
全安　孫尉曾謹稟
伯母
母親大人　福安

一九二零年五月十六日於揚州省立第八中學上祖父冕公書　82%

祖父大人尊前接到手諭適欲寄信
往寧因封函中付郵當早收到紹希
在南頗為安適揚州亦甚平靖天氣
多雨春寒未退孫在此間自知衛生
書籍亦未多購非必需者不買也任八

一九二零年於揚州省立第八中學上祖父冕公書　82%

兄來此地小學做云較清江爲豐且其
岳丈亦在揚辦郵政有倚靠今寄上洋
三十元敬請
萬福金安　孫尉曾謹稟
伯母
母親大人福安

一九二零年於揚州省立第八中學上祖父冕公書　82%

三研堂詞選

李太白

菩薩蠻

平林漠漠烟如織。寒山一帶傷心碧。暝色入高樓。有人
樓上愁。玉階空佇立。宿鳥歸飛急。何處是歸程。長亭
更短亭。

憶秦娥

簫聲咽。秦娥夢斷秦樓月。秦樓月。年年柳色。灞陵傷別
樂遊原上清秋節。咸陽古道音塵絕。音塵絕。西風殘

三硯堂鈔藏

《三硯堂詞選》 手抄本　一九二一年 淮陰人和巷　85%

照漢家陵闕

張子同志和

漁歌子

西塞山前白鷺飛桃花流水鱖魚肥青蒻笠綠蓑衣斜風細雨不須歸

溫庭筠飛卿

更漏子

柳絲長春雨細花外漏聲迢遞驚塞雁起城烏畫屏金鷓鴣

香霧薄透簾幙惆悵謝家池閣紅燭背繡簾垂夢長君不知

淮陰范氏

《三硯堂詞選》手抄本　一九二一年　淮陰人和巷　85%

玉鑪香、紅蠟淚。偏照畫堂秋思。眉翠薄、鬢雲殘、夜長衾
枕寒。梧桐樹。三更雨。不道離愁正苦。一葉葉、一聲聲。
空階滴到明。

夢江南

梳洗罷、獨倚望江樓。過盡千帆皆不是、斜暉脈脈水悠
悠。腸斷白蘋洲。

河傳

湖上。閑望。雨蕭蕭。烟浦花橋路遙。謝娘翠蛾愁不銷。終
朝。夢魂迷晚潮。　蕩子天涯歸棹遠。春已晚。鶯語空腸
斷。若耶溪。溪水西。柳堤。不聞郎馬嘶。

二

三硯堂鈔藏

《三硯堂詞選》手抄本　一九二一年　淮陰人和巷　85%

王仲初建

調笑令 宮詞

團扇。團扇。美人並來遮面。玉顏憔悴三年。誰復商量管弦。弦管。弦管。春草昭陽路斷。註一作病

皇甫子奇松

夢江南

蘭燼落、屏上暗紅蕉。閒夢江南梅熟日、夜船吹笛雨瀟瀟。人語驛邊橋。

樓上寢、殘月下簾旌。夢見秣陵惆悵事、桃花柳絮滿江城。雙髻坐吹笙。

《三硯堂詞選》 手抄本 一九二一年 淮陰人和巷 85%

清河縣志

凡例

一本邑舊志修於嘉靖乙丑距今一百一十餘年不特田賦丁徭增耗多端即陵谷變遷建置無考比比皆是茲志於邑事之因革存廢悉推本舊文而考正補遺稍有同異或據古史明文或采世家掌故仍以新舊郡志為折衷不敢臆說以累

信簡

一史乘記載必先立綱目分義類茲志惟準於

憲頒豫志款式并參秦蜀二志之同文者訂為卷帙先後不立別體間有補遺條目惟因邑事為增損不致蕪雜

一志以統一邑之事凡建置沿革疆域山川形勢風俗土物人

[illegible]一硯堂鈔本

《康熙壬子縣志》手抄本　一九二五年二月　揚州樊廬　85%

文諸欵不敢不詳謂非本邑不能核也其於田賦錢糧則惟
撮其大端以志方貢備參考凡起存本折協濟代解諸色目
備載賦役全書茲不悉贅

一志以記事惟據其事之顛末而載之間附末議如史之有論
斷者蓋清之時事如戶口田賦河防驛傳之類日變而非據
其事之利弊而條悉之以備廉訪之顧問庶幾有造殘民全
敝邑非敢妄議時政之得失也

一本邑人物在南宋以前者多從舊志其有古今明證經前輩
論定者如陳公球球從孫登劉公宗俊貫系昭然間增一二
示不忍湮沒之意至嘉隆以後百有餘年名賢懿行不少概
見既奉

《康熙壬子縣志》手抄本　一九二五年二月　揚州樊廬　85%

興朝恩詔采访表揚風敎所閎詎敢泯沒但三代之直月旦之評
聽之不敢不詳傳之惟恐失實甄收之餘間效於善々欲長
之意非敢阿好以溷國典
一藝文志創自班氏漢書但列名氏而文不錄至嘉靖府志者
皆淮産非淮人悉刪之置之各景地下竊以孔子惜杞宋之
文獻抑謂文以載事即文徵禮非徒揚扢其編牘也茲集或
詠土風或記事跡或事有閎於興廢地有辨於封疆以傳久
以考事者悉摭輯之以存曹檜之政而不問其産為其産者
以邑人別之
一本邑藝文舊志首載敕諭考諸名郡邑乘多有未然以人文
之盛載之不勝載也本邑際盛

《康熙壬子縣志》手抄本 一九二五年二月 揚州樊廬 85%

興朝賢良輩出
恩榮焚黃之典十數年間冠蓋相望矣故竊高比於人文之不勝
載而猶特標於藝文之先與著述文目並録所以重
國命而表賢績非敢略也
一清河舊志在天順以前者無考成化志創於邑令朱公學海
學博歐陽公映蓋未成之書嘉靖志修於邑令吳公宗吉邑
先達張公四維訂紀公士範纂從殘編斷案中核實補遺三
年而後告竣抑慎重之矣茲集踵事考詳視昔較備然不過
步五君子之武而發揮之不敢忘本且遜舊也

邑後學汪之藻謹識

《康熙壬子縣志》手抄本 一九二五年二月 揚州樊廬 85%

清河縣志卷之一

知縣博羅鄧興相監修
邑人汪之藻編輯

建置沿革

序曰清河自南宋置軍稱要地後乃跨淮南北分土民以建邑其地控引兩河為京省百邑驛之衝漕運咽喉之際土瘠民疲至矣而邑不可廢洵要地哉然考諸境內古之為郡縣者若淮陰高山曲陽馬頭吳城今或廢而為鎮為墟矣豈遂無地靈哉川原陵谷之間氣之所聚必鬱積而成形勢因勢而變因變而通建置之沿革有経畫焉其待人而興也歟

《康熙壬子縣志》手抄本 一九二五年二月 揚州樊廬 85%

李長吉詩鈔
一卷全

《李長吉詩鈔》
手抄本封面
一九二七年
淮陰人和巷　85%

丁卯初夏
范氏家塾
鈔藏 耕研

《 李長吉詩鈔 》
手抄本扉頁之背面
一九二七年
淮陰人和巷　85%

李長吉詩鈔

李憑箜篌引

吳絲蜀桐張高秋空山凝雲頹不流江娥啼竹素女愁李憑中國彈箜篌崑山玉碎鳳皇叫芙蓉泣露香蘭笑十二門前融冷光二十三弦動紫皇女媧鍊石補天處石破天驚逗秋雨夢入神山教神嫗老魚跳波瘦蛟舞吳質不眠倚桂樹露脚斜飛濕寒兎

還自會稽歌 并敘

庾肩吾於梁時嘗作宮體謠引以應和皇子及國世

一二二 硯堂鈔藏

《李長吉詩鈔》 手抄本 85%

楷書

向居 应令

馬一

淪敗肩吾先潛難會稽後始還家僕意其必有遺文
今無得焉故作還自會稽歌以補其悲
野粉椒壁黃濕螢滿梁殿臺城應教人秋衾夢銅輦吳霜
點歸鬢身與蒲塘晚脈脈辭金魚羈臣守迍賤
示弟
別弟三年後還家一日餘醁醽今夕酒緗帙去時書病骨
猶能在人間底事無何須問牛馬拋擲任梟盧
始為奉禮憶昌谷山居
掃斷馬蹄痕衙迴自閉門長鎗江米熟小樹棗花春向壁
懸如意當年閱角巾犬書曾去洛鶴病悔遊秦土甑封茶

淮陰范氏

《李長吉詩鈔》 手抄本 85%

非橫
室紋
無二
白容
厭

葉山孟鎖竹根不知船上月誰棹滿溪雲

詠懷二首錄一

長卿懷茂陵綠草垂石井彈琴看文君春風吹鬢影梁王與武帝棄之如斷梗惟留一簡書金泥泰山頂

春坊正字劍子歌

先輩匣中三尺水曾入吳潭斬龍子隙月斜明刮露寒練帶平鋪吹不起蛟胎皮老蒺藜刺鸊鵜淬花白鷴尾直是荊軻一片心莫教照見春坊字挼絲團金懸麗䍦神光欲截藍田玉提出西方白帝驚嗷嗷鬼母秋郊哭

雁門太守行

二三二硯堂鈔藏

《李長吉詩鈔》 手抄本 85%

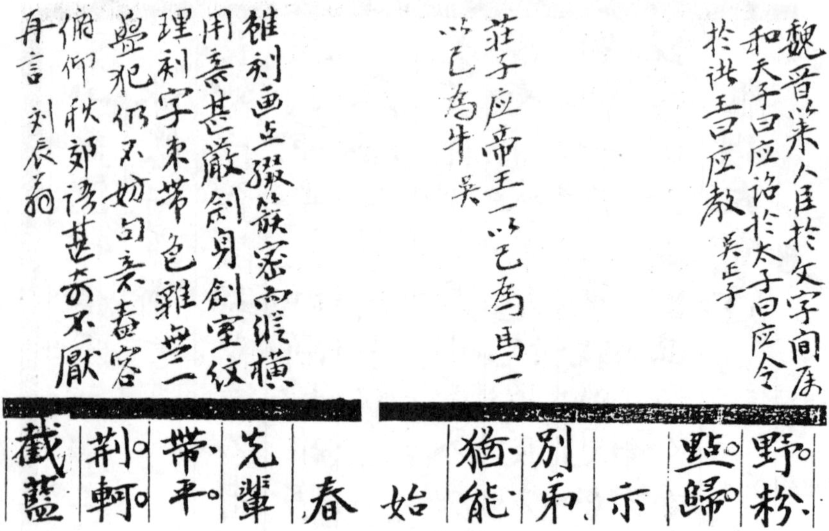

《李長吉詩鈔》 手抄本眉批 85%

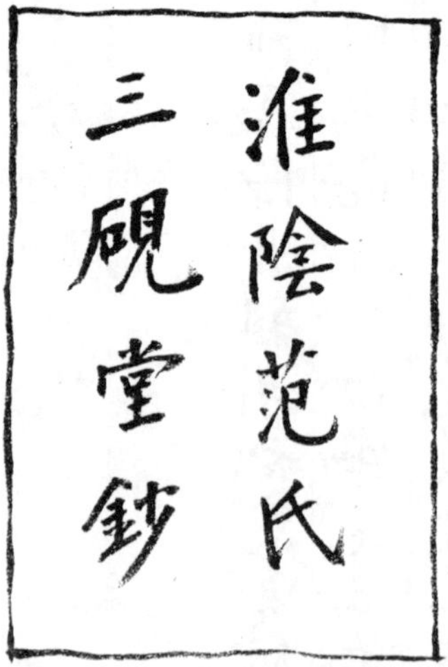

《淮上四先生詩鈔》 手抄本扉頁
吳承恩（汝忠）撰 一九二八年
正月十日 揚州中學 85%

射陽先生存稿

山陽吳承恩汝忠撰

宿田家

客子湖陰歸田翁柳邊謁殷勤戒一飯要我留雙檝呼兒掃茅堂盤飧旋陳設徘徊竟日夕酬勸禮數拙拂席安我眠地迥衆喧絕柴门闲流水犬吠花上月天明即前途眷〻意轉切臨岐佇野語执手不能别君子倘重来春山有薇蕨

西山

信馬遊春山山回得蘭若停鞭聊引步房院欣幽雅僧茶獻新烹款曲意相假禪談豁沈抱欲去中不捨露竹浮暖光松風瀉飄灑空階忽鬭響冰爭脫落瓦人身生是身謀蔭茈茅一把緇

三二硯堂鈔藏

《淮上四先生詩鈔》 手抄本 一九二八年正月十日 揚州中學 85%

塵攺容鬢擾擾何為者遥憐我朋徒翱翔鉢池野

對酒

客心似空山閒愁象雲集前雲乍飛去後已連翩入回環杳無端周旋巧成隙勞勞百年內未省何時畢聞古有杜康偏工掃愁術問愁何以掃杯學能驅除年時不能飲對酒成長吁剥啄聞叩門良友時過余延之入密室共展千年書顧愁忽已失花鳥同欣如

齋居二首

中歲志邱壑茅齋寄城郭窓午花氣揚林陰鳥聲樂魚蔬拙者政鷄黍朋来約何似陶隱居松風滿虛閣

朝来把鋤倦幽賞供清蔬積雨流滿畦疏篁長過院酴醾春

《淮上四先生詩鈔》 手抄本 一九二八年正月十日 揚州中學 85%

南園吏隱詩存

淮陰蒲忭快亭著

晚渡京江

風勁晚潮上孤舟放棹來月當京口白江向楚天開落葉中流見青山夾岸回歸帆近瓜步欸乃不須催

徐州登雲龍山

千盤石磴撥烟蘿落木高天載酒過漢楚雄圖空醉眼關山遺蹟入悲歌亭邊暮色來雙鶴杖底秋聲走大河終古林泉誰是主斷碑風雨戀東坡

自白門返淮陰留別王小史先生

二二硯堂鈔藏

《南園吏隱詩存》 手抄本 一九二八年 揚州中學 85%

老輩風流在殷勤父執看孤舟還共載秋水去長干賭弈空
江暮聯吟夜雨殘蒼茫朝後會不覺客心酸
得句江天裏題名石壁高青山緣不淺白首興偏豪老健憑
詩力蕭疏稱野袍收羅吳楚色清詠滿寒皋

齋中

生事徒鑽故紙堆荒齋〔幽〕寂隱蒿萊窗橫老樹秋先到門掩寒
花晝不開永夜砌淳蛬自語有時燈暗月還來此情欲說無
人共記取新詩枕上裁

題采菊圖

秋聲滿徑柳扉開落日王宏酒未來恰喜山泉清似雪呼童

淮陰范氏

《南園吏隱詩存》　手抄本　一九二八年　揚州中學　85%

范氏隱書卷之一

淮陰 范冕 丹稜父 撰

淮陰范氏三硯堂藏

淮揚道 禮記 自南河至於江

華種 藥名 人中黄

攜蝗大嚼圖 四子 上老老

幼安 人事 管號

月光 市招 七寶莊嚴

羽毛 人事 闕亡

潯陽樓題詩 六才 反吟

清新庾開府俊逸鮑參軍 人稱 肥伯 借為褒白

三硯堂鈔藏

《范氏隱書卷之一》本叢書第一輯 手抄本 一九二八年 淮陰人和巷 85%

范氏隱書

淮陰范冕丹稜父撰

淮揚道　禮記一

野渡無人舟自橫　六才一

陰陽　六才一

權輿　六才一

託妻子於其友　四子一

琀　詩品一

焚券市義　四子一

秦庭乞師　諺一

三二硯堂鈔藏

《范氏隱書》　本叢書第一輯　手抄本　一九二八年　淮陰人和巷　85%

琴況孫氏琴學四種之四也谿山琴況二十有四膾炙琴家久矣目次適符司空詩品之數余欲效其體而為之猝鷄唇手偶賦閒居日與知音相酬倡自弱冠操縵迄今旅三十秊從未有如是歲之暇肆力之勤且專也興到旹恍有所會或一日成一二況或越旬成一況或一成而無可易或屢易而猷未成佀有非可力致然者顧安得如詩品之不著一字盡得風流乎篇題小序閒存谿山語十之一二嘉慶丁卯仲冬南清河孫長源自序

三硯堂鈔藏

《琴況》 手抄本 一九二八年十月二十日 揚州中學 85%

琴況

南清河孫長源學　受業楊雲書校梨

和況弟一

樂㠯龢為主理性情感神人格鳥獸皆龢之為也龢也者豈弟抑揚亢隊音節鏗鏘云爾哉

天地貞一㫬嫗羣生大由噫气泠泠希聲好咢半闌放新雨初晴載開旾甕載聽旾鶯良友遠來桑海閒評皇風於穆雲爛星隞

靜況弟二

習靜之功一在調气一在鍊指气調則神自靜指鍊則聲

《琴況》　手抄本　一九二八年十月二十日　揚州中學　85%

淮陰莊氏

自靜所謂器冷弦調心閒手敏觸撝如志惟意所擬者骨

於靜中得之

眞機不擾大化无言蓬瀛匪寂闤闠何喧雷霆震空斂衽驚

魂晴江艸閣山鄣柴門長河泛槎冥想昆侖羲皇示我杳杳

天根

清況第三

甘受和白受采言其清也啾或清而削或清而激又非載

福器矣是在涵養之功

冽彼甘泉歃之季永沉瀣漯空黠飈无景白鷺凌波一碧萬

頃楊栁晶簾梧桐金井所期不至疏星耿耿霜夜鐘鏗嗒嘫馬

《琴況》 手抄本 一九二八年十月二十日 揚州中學 85%

心警

遠況弟四

遲以氣運遠以神行千載以上萬里而遙恍然於指下會之

莽莽九垓延延八極緬水一方子不我即天際山容江干月色游之有餘挹之何得斗室蕭然圖書在側臨水息焉當食息稷

古況弟五

樂尊古於琴御古器而操古音褻孰甚焉志古之士精通律本盡洗繁聲不屑屑與箏篴求諧於俗耳推是意也處

二二硯堂鈔藏

《琴況》手抄本 一九二八年十月二十日 揚州中學 85%

楚州使院石柱題名記跋

蕭令裕枚生撰

柱高五尺三寸八分方每方六寸有奇正書各
六行每行字數不計在淮安府山陽縣廟學

使□□堂石柱記　河南房墨卿書

缺其缺公待賓既以盡禮吾朝奉缺雄其命分請自
天朝各一缺有三□之繁彩二監之闕□似缺以簡易
化俗以缺　以上第一方　石刻剝落記僅存下方三十七字
團練判官缺　以上第二方
使朝
使朝請　以上第三方　惟第二行二字五行三字可辨

三硯堂鈔藏

《楚州使院石柱題名記跋》手抄本　一九二九年十二月二十八日　揚州中學　85%

營田判官

使朝議郎檢校□□□常侍

團練判官長孫方逵

營田判官張庾

使朝散大夫使持節楚州諸軍

團練判官 以上第四方

營田判官司馬□□

使朝散大夫使持節楚州諸軍事守楚州刺史充本州團

練使淮南營田副使驍騎尉郭行餘

團練判官韋熉 大和三年□月十二日 判官 郕

淮陰范氏

《楚州使院石柱題名記跋》手抄本 一九二九年十二月二十八日 揚州中學 85%

大清一統志表

江蘇省

淮安府

兩漢	漢臨淮郡地後漢分屬廣陵下邳二郡
三國晉	山陽郡 東晉義熙中置
宋齊梁	山陽郡
魏	山陽郡
齊周陳附	山陽郡
隋	開皇初廢郡十二年移楚州來治大業初廢
唐	楚州淮陰郡 武德四年復置東楚州八年曰楚州屬淮南道
五代	楚州 唐天成三年楊吳升順化軍周顯德五廢年
宋金附	淮安州 初曰楚州山陽郡紹定初改淮安軍端平初又改屬淮南東路
元	淮安路 至元十四年立淮東路二十年又升屬河南行省
明	淮安府 直隸南京

二 硯堂鈔藏

楷書

《清河疆域沿革表》 手抄本 一九二九年十二月二十八日 揚州中學 85%

清河縣

時代							淮陰縣	
兩漢							淮陰縣	屬臨淮郡後漢
三國晉	廣陵郡	晉太康中移治	東晉末復從廣	陵			淮陰縣	郡治
宋齊梁	兗州	秦始五年僑置	齊曰北兗州				淮陰縣	州治
魏	淮州淮陰郡	東魏改名					淮陰縣	州郡治
齊周陳附	齊廢周僑立東	平郡					懷恩縣	齊更名周又改
隋	南皇初更郡名	淮陰兼立楚州	尋廢郡大業初	廢州			初為郡治南皇	中復名淮陰為
唐							淮陰縣	初復置武德七
五代							淮陰縣	
宋金附	清河軍	咸淳九年置屬	淮南東路	清河縣	咸淳九年置軍	治	淮陰縣	屬楚州
元	至元十五年廢			清河縣	屬淮安路		至元二十年廢	入清河
明				清河縣	屬府			

淮陰范氏

《清河疆域沿革表》 手抄本 一九二九年十二月二十八日 揚州中學 85%

楷書

屬下邳郡				名壽張	州治大業初省	年省乾封二年
					入山陽	復屬楚州
	淮陽郡	淮陽郡	淮陽郡	淮陽郡	開皇初廢	
	東晉義熙中置		屬東楚州			
	屬徐州		綏化縣	淮陽縣	淮陽縣	貞觀初省入宿
			梁置屬淮陽郡	周改名	屬下邳郡	預
	陶城縣	陶城縣	陶城縣	臨清縣	開皇三年省入	
	東晉置屬淮陽郡		東魏武定七年	齊更名文成周	淮陽	
			改梁臨	又改		
			清天水			
			浮陽三縣置			

三硯堂鈔藏

清河縣疆域沿革表一卷

蕭令裕校生撰

清河縣始見於宋史宋以前為何地史無明文予幼而失學長辭鄉縣故書雅記數典懼忘徵攷有年乃輒為說曰清河以泗水得名也（酈道元水经注清水即泗水之别名）泗水與淮水合汴也（禹貢）淮以北為泗口古淮泗之會也淮以南為淮陰古鎮縣之地也自元泰定間河奪汴渠以入泗而泗口之名遂没自明宏治間河決北汴以入淮而淮陰之地漸瀦然古淮陰實跨今清河之宇古泗口亦正得角城之名角城淮陰中隔一水尋其左證厤有據依酈道元水经注淮水右岸即淮

《清河疆域沿革表》 手抄本 一九二九年十二月二十八日 揚州中學 85%

艾叟詩鈔

淮陰 閻溥漱泉 著

即事有感 庚子

傳聞下詔遠徵兵。百道牙璋晝夜行。大府軍儲供蠹飽。龔祠妖火遍狐鳴。團圞月裡乾坤影。颯沓江頭草木聲。星極長懸天直北。終宵引望神領京。

甘泉烽火徹天紅。外侮方彊復內訌。覆轍重尋前屬國。揭竿近起右扶風。椎埋子弟聯心膂。粉飾巖廊愧瞽聾。未識發蹤誰指示。紛紛入狗各論功。

家聯戚里任軍容。代有公忠報九重。糼補黑衣充宿衛。法窮赤仄病司農。勳名煊赫遼東豕。嗜好神奇壁上龍。畢竟與同休戚者。糢

三硯堂鈔藏

《艾叟詩存》手抄本 一九三三年 揚州中學 85%

糊姓氏託君宗。

中興將相出儒林。內外謀猷總一心。振起瘡痍周保甸。艱難成旅夏斟尋。人言國脈關天運。誰使神州竟陸沈。寄語勤王諸闖帥。能忠義抵堅金。（聯）

勺湖款春圖為吳溫叟題

春晝不知永。清溪欲暮天。放船隨活水。賭茗煮新泉。月特城陰直。雲橫塔影圓。歸途葭菼合。暝色正蒼然。

勺湖圖在手游賞幾時同天地浮生外園林圖畫中常宜清暇日高纔隱淪風便合移家住塵緣一笑空

赴朐陽船中逆寄李眉卿

六月炎蒸出帝京。洶洶豺虎正橫行。道旁野哭添新鬼。城外空濠

淮陰范氏

《艾叟詩存》手抄本 一九三三年 揚州中學 85%

江都焦理堂先生年表

後學淮陰范耕研伯子輯

先生姓焦氏名循字理堂世居江都黃珏橋今縣爲甘泉人 阮元研經室集通儒揚州焦君傳

先生雕菰樓集先考事略　吾族自永樂間來處於湖分上下兩莊今惟吾屋尚存

江藩漢學師承記　焦里堂名循一字理堂江都人家黃子湖 按黃[redacted]珏橋在黃子湖南白茆湖北見焦廷琥

密梅花館文錄 白茆草堂記

高高祖文科

先生先考事略　先考嘗謂循曰吾家世〻以忠厚退讓爲法吾高祖仰湖公諱文科爲江都刑房吏以慈祥稱未嘗妄受一錢今西分一派入丁蕃衍皆修德所致也

高祖明暘

先生先考事略　吾曾祖震鳴公行二諱明暘與諸弟析居既而諸弟疑其產厚索承分田補之公即如索不校

楷書

本叢書第七輯《江都焦里堂先生年表》 原稿本 一九三七年五月 揚州中學 64%

具古人之高介而復
名士之風流
水乳交和
一何從
僊

《符山堂詩》手抄本描摹殘本第三頁　一九三九年二月二十五日　淮陰水渡口 85%

先生具古人之高介而復
平易近人備名士之風流
而無文人陋習水乳交和
予不自知其締結之何從
也予因念自閩至淮踰僊

《符山堂詩》刻本第三頁 上半頁經描摹復舊 一九四三年一月 淮陰水渡口 85%

霞之險渡長江之深越武
林吳門京口邗關之紆且
遠亦安知有名賢巨儒如
先生者以不負斯遊哉乃
今幸得先生則是險者可

符山堂詩　吳序　四

《符山堂詩》描摹刻本殘本缺頁中第四頁　一九四三年一月　85%

此其意蓋深遠也是後復
簡于酬酢今僅存文若干
篇詩若干首而已思所以
不朽者惟弁言是賴敢以
請予因受而讀之若其嶙

《符山堂詩》描摹刻本殘本第六頁　一九四三年一月　淮陰水渡口　85%

峋迢遞是亦嶺中之僊霞也若其汪洋浩瀚是亦水中之長江也若其風華秀麗是亦都會中之武林吳門京口邗關也予異目者

符山堂詩　吳序

《符山堂詩》初刻本殘本第七頁　一九四三年一月　淮陰水渡口　85%

峋迢遞是亦嶺中之僊霞
也若其汪洋浩瀚是亦水
中之長江也若其風華秀
麗是亦都會中之武林吴
門京口邗關也予異日者

《符山堂詩》手抄本描摹刻本第七頁 一九三九年二月二十五日 淮陰水渡口 85%

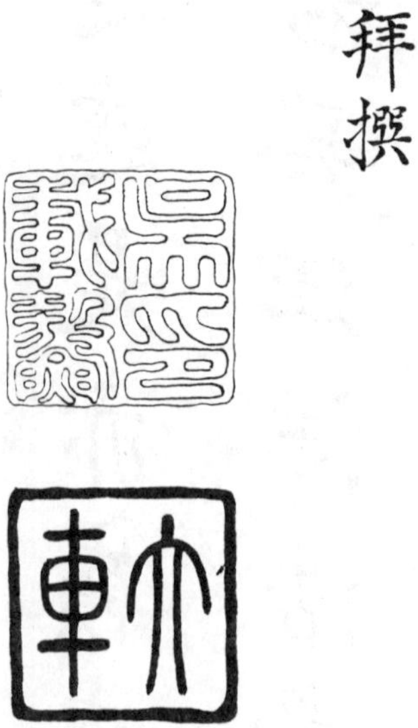

《符山堂詩》手抄本
描摹刻本第九頁
一九四一年
淮陰水渡口 51%

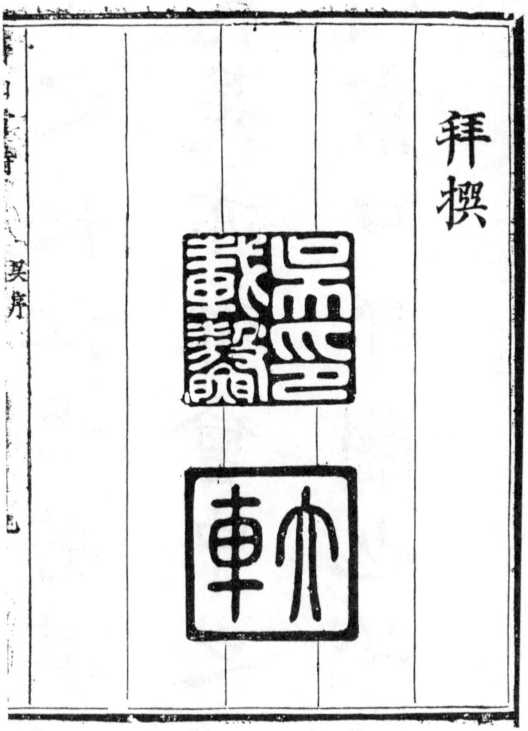

《符山堂詩》初刻本殘本第九頁
一九四三年一月 淮陰水渡口 51%

呂氏春秋補注卷上

淮陰范耕研撰

呂氏春秋雜襍出眾手而平亭百家自有宗主後世總治諸子之學者未能出其範圍高注識辭迂疏時或謬戾畢氏所校世稱善本然亦不無賸義有待後人刊茜余以顓蒙幼承祖訓受學之始知愛此編長遊南北飫聞師說每有所得輒記簡端今年覆視一過頗有出梁俞諸公書之外者彙而錄之聊供鄙拙冀補前賢遺闕之萬一耳癸酉孟春耕研自記

序

所幸妃歸華陽夫人無子

按涵芬樓四部叢刊本重華陽夫人四字此本据明人宋邦

三硯堂鈔藏

楷書

《呂氏春秋補注》原稿本　一九四七年　上海虹口興亞新村　85%

呂氏春秋補注卷下

淮陰 范耕研撰

有始覽

極星與天俱遊而天極不移

注極星辰星也語曰譬如北辰居其所而衆星拱之故曰不移

按天極不移四部本作天樞不移樞字是也下文有當樞之下無晝夜之語可證惟彼處注作極亦誤本文謂極星與天俱遊而天樞不移可知極星動而天樞靜不為同物注引論語衆星拱辰故曰不移似極星與天樞同屬靜止恐非呂旨葢天樞所在適無星可指世所稱北辰特距樞最近姑以為準非[redacted]樞在虛故亦隨天俱遊不似天樞之[redacted]終不移也高

三硯堂鈔藏

《呂氏春秋補注》原稿本　一九四七年　上海虹口興亞新村　85%

二　一

說文部首

漢太尉南閣祭酒許慎著

一　惟初太極道立於一造分天地化成萬物　弌　古文

於悉切一本象算籌形二三亖亖皆然
此云太極者漢人陰陽家言姑置勿論耳

高也此古文上指事也　丄　篆文上　時掌時亮二切

一　底也　丅　篆文下　胡雅胡駕二切二丄本作
丄上二丅本作丅下

本叢書第八輯《說文部首授讀》原稿本 一九四五年 江蘇寶應芮府 76%

示

天垂象見吉凶所以示人也从二三垂日月星也觀乎天文以察時變示神事也古文示 神至切

三

數名天地人之道也於文一耦二為三成數也古文三 穌甘切於文下十字各本無段氏依韵會補一二三之古文皆从弋者植弋縣繩所以記數結繩時代之遺制也

王

天下所歸往也董仲舒曰古之造文者三畫而連其

本叢書第八輯《說文部首授讀》 原稿本 一九四五年 江蘇寶應芮府 76%

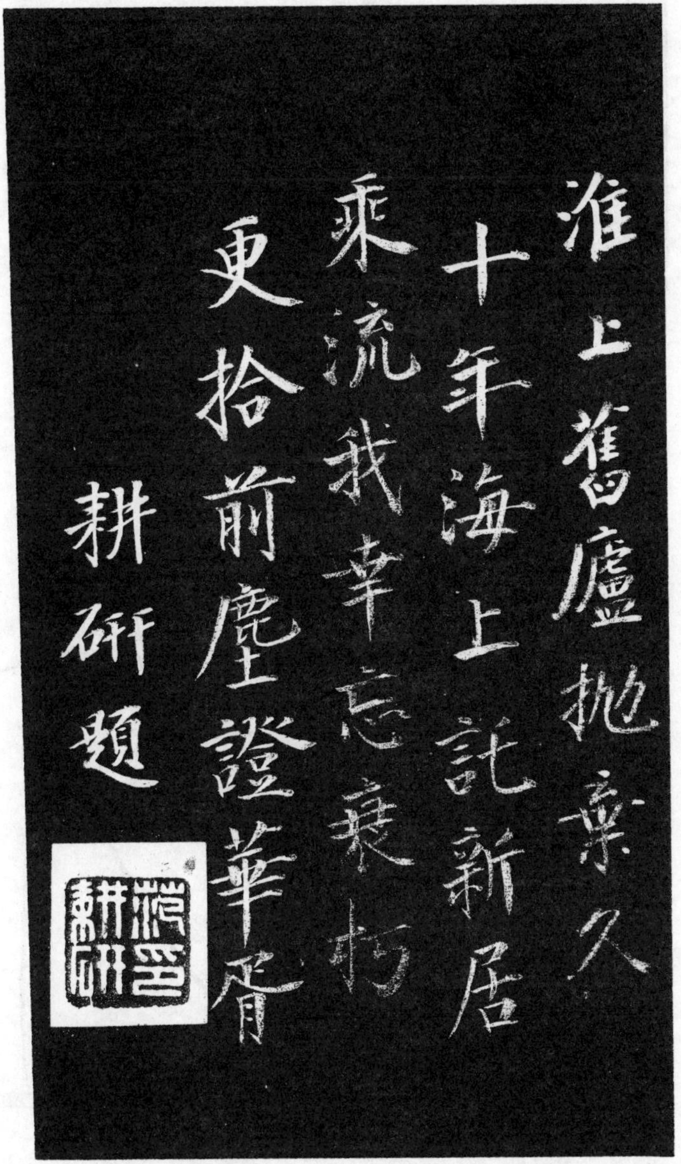
淮上舊廬抛棄久
十年海上託新居
乘流我幸忘衰朽
更拾前塵證華胥
耕研題

題詩於照相簿扉頁　一九五六年　上海虹口興亞新村　85%

范氏隱書

一九九零年本叢書第一輯《范氏隱書》封面乃集先父所書拼湊放大而成　85%

文孝先生像《符山堂詩》初刻本殘本 原圖 一九四一年 淮陰水渡口 85%

文孝先生像《符山堂詩》手抄本 描繪像 一九三九年 淮陰水渡口 85%

至鎮入建港滸三水既合西北流為皂梁河一作皂糧河而俗則呼為鴨椆

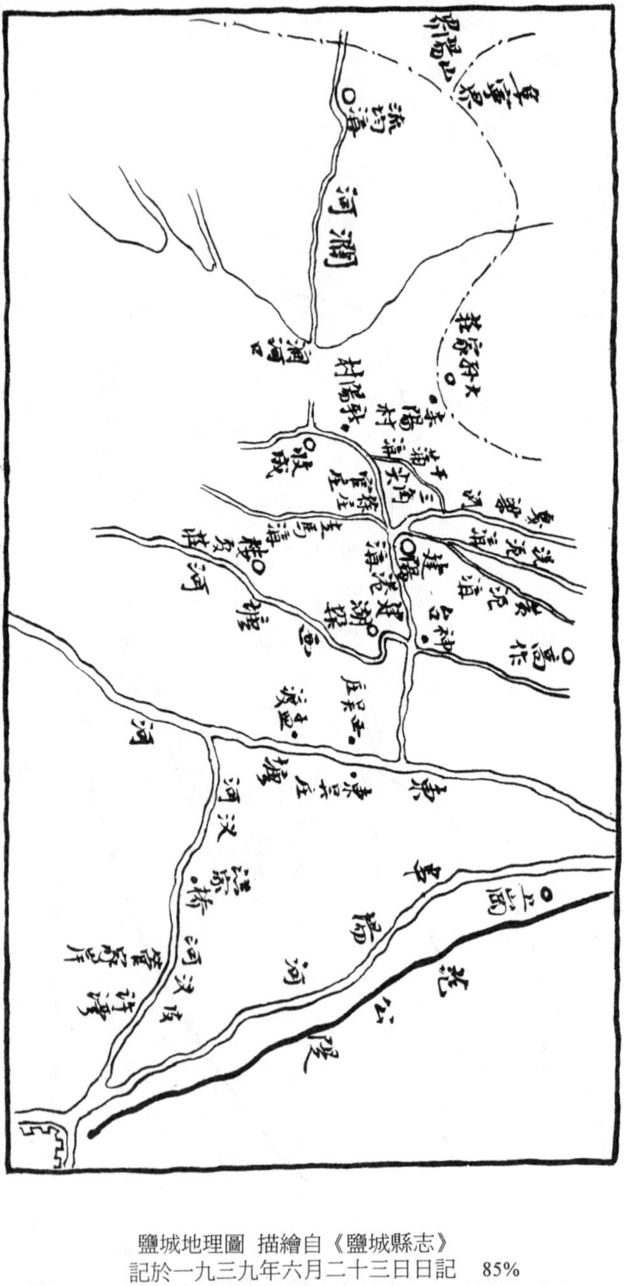

鹽城地理圖　描繪自《鹽城縣志》
記於一九三九年六月二十三日日記　85%

弍弟覽畢，獲來片，敬悉遇夏君，略詢焉。夏
君為人多風趣也。近校中設一篆刻会專
業，漢派刻則刀法有單刀、雙刀、澀刀之分，總以順
手筆勢直下，不可一畫未終，別起他畫。單刀言
一刻而就；雙刀則左右兩削而成；澀刀則执刀斜
前，又頓其力最大，皆刀法之正。若如零碎刻成
是謂複刀，此皆教者之言也。惟學生成績甚不
齊耳。近在校中所作何課？可示知。此詢
冬安。兄冠東渉　十月二十日
日利、弍十張寄上

南京高等師範學校校友會

一九一八年十月二十日於南京高等師範致鹽城宋村小學二弟紹曾信　64%

弍弟覽來信已悉此地天氣尚寒未易綿袍
校長郭鴻聲先生赴歐調查戰後教育且
思爭回庚子賠款以為興學之用此事果成
於教育界大有影響正恐軍政諸公爭於
染指聞將立一基金監督會各有關係之
國均有委員一人則貪者有所顧忌矣令

一九一九年二月七日於南京高等師範致淮陰人和巷二弟紹曾信　73%

夏所指之科為文史地部數理化部教育工藝
兩專修科郭先生臨行時宣布之中以
文理兩部最宜教育次工藝雖為近人所嘖
稱然所學殊恐不深東渡約在陽月上
旬兩勸學所之款猶未至遲早有時不定
令人不快要生之信揚人頗有知者羨幸
未大昌耳想亦得識揣測也兄冠洲二月七日

一九一九年二月七日於南京高等師範致淮陰人和巷二弟紹曾信　73%

二弟覽前數日接 祖父手諭及五弟信敬悉所託候指考簡章印就後一同函寄故未即覆昨丁致鶴已郵回一分想收到此間學界已組織極有統系之辦法以表示愛國抱忱並無過激舉

一九一九年五月二十七日於南京高等師範致淮陰人和巷二弟紹曾信 73%

動此次結果智者難測惟終必至於罷
課或乃激動執政之惡心乎前次遊倭之人
極意歡迎愚於親善回華而設樓
倡國貨之心極盛讚倭人之癡兔
為世國耳吾人亦不為民自於倭之盛

一九一九年五月二十七日於南京高等師範致淮陰人和巷二弟紹曾信　73%

意也今日費國之禪溢於口頭除此而外

二十九日

舉為人所不道似偶涉之即屬不德

教育廢政以遂呈報校中指考諛

其自為不急之政而急於罷課甚可恨

費國之倫矣三弟遊杭回否援貞信

否浦中前日派王方雨君來學國語

一九一九年五月二十七日於南京高等師範致淮陰人和巷二弟紹曾信　51%

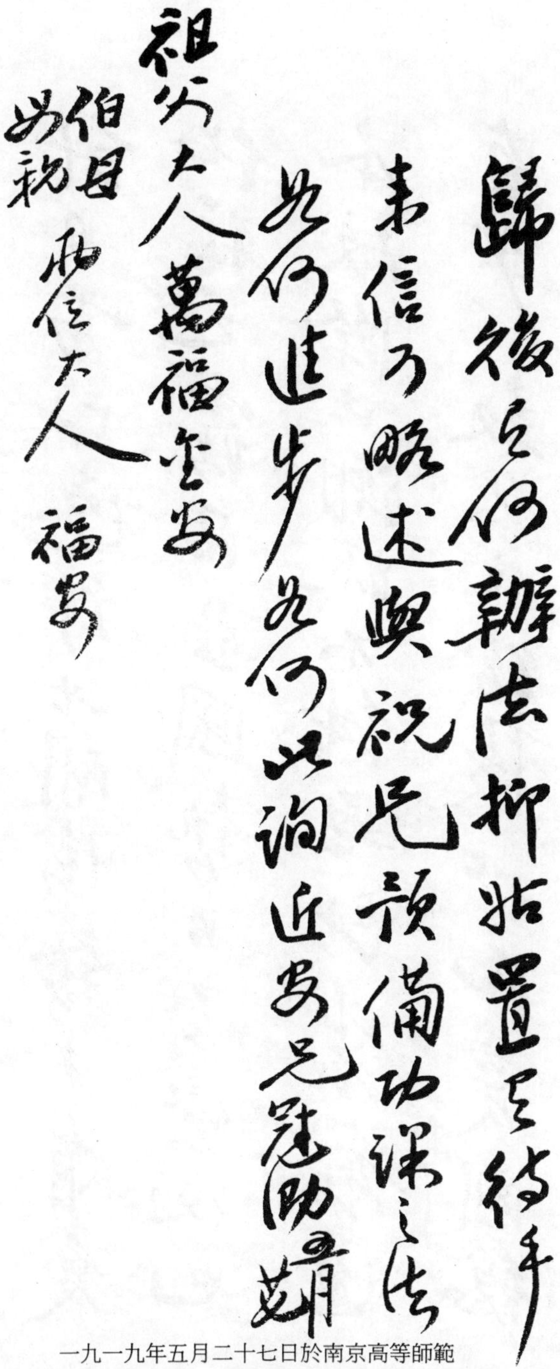
歸後又何辦法抑將置之待手
來信乃略述與祝兄預備功課之法
如何進步如何以詢近安足慰勵期
祖父大人萬福金安
伯母
母親
叔嬸大人福安

一九一九年五月二十七日於南京高等師範
致淮陰人和巷二弟紹曾信　51%

二弟覽前寄一函及指者簡章一份
計日當已達到此間情勢日有變
化猶之露西亞國勢日見變化也
本校際此潮流不能無此震動遂
有少數人之紛擾以爲愛國穩

一九一九年五月二十九日於南京高等師範致淮陰人和巷二弟紹曾信　73%

健壯不足羨也幾經磋商其波小平
當不至大有妨礙其中瑣屑誤会
之情已非函信所能畢詳本週末
往周府又聞田乃農亦已回浦過節
新生之外未襍誌無人可寄再將近畢

一九一九年五月二十九日於南京高等師範致淮陰人和巷二弟紹曾信　73%

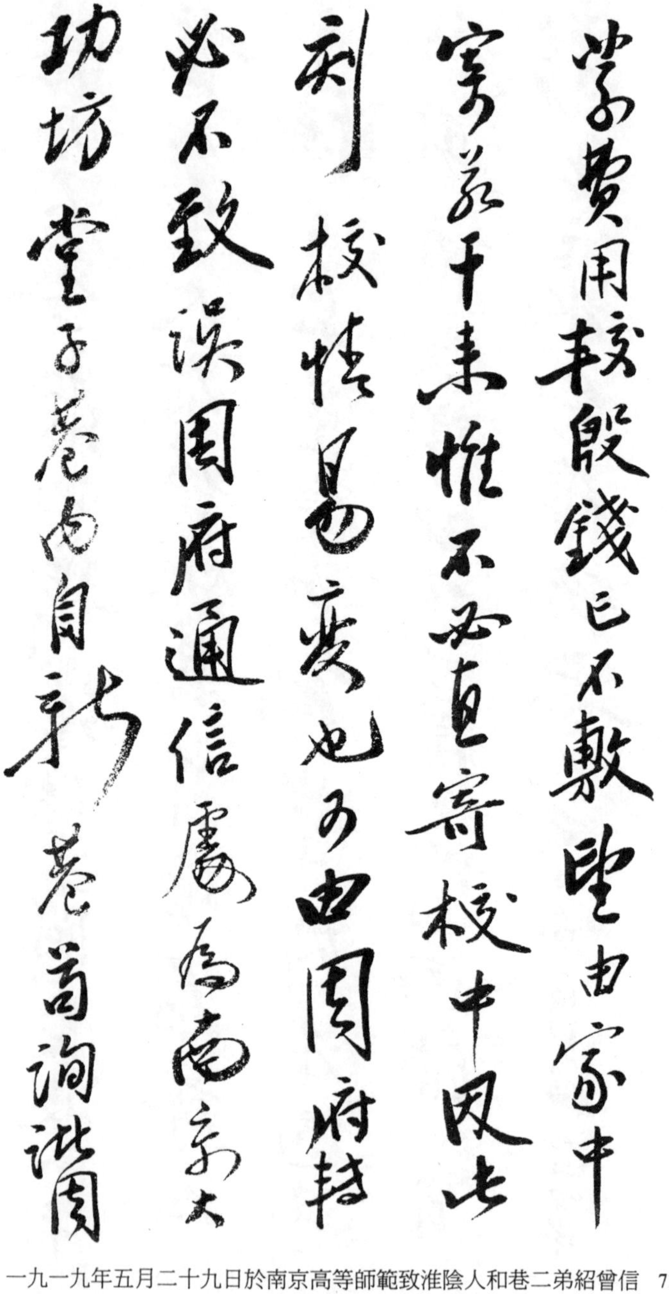

一九一九年五月二十九日於南京高等師範致淮陰人和巷二弟紹曾信　73%

閏九姪閏三姪兄通信地點更要
此詢近好　兄冠渤　五月廿九
祖父大人萬福金安
伯母
母親兩位大人福安

一九一九年五月二十九日於南京高等師範致淮陰人和巷二弟紹曾信　73%

九月廿一日 陰 八月十日

兩弟覽：每在家發一片，所述舊事概要，茲更詳之。初二由揚上船，宿兩夜，初四早晨到家，各事已粗具。又請程肯錢兄轉借什物桌椅等，又假洪駐律鄰居學堂為設壽堂，備男客行禮。初五晚徽兩來客約廿許人，正日為徽兩時作來客約百數十人，兩日席面十五桌，以客多因兩來坐席而去也。送禮

一九二零年九月二十一日於揚州省立第八中學
致南京高等師範二弟紹曾及三弟希曾信 73%

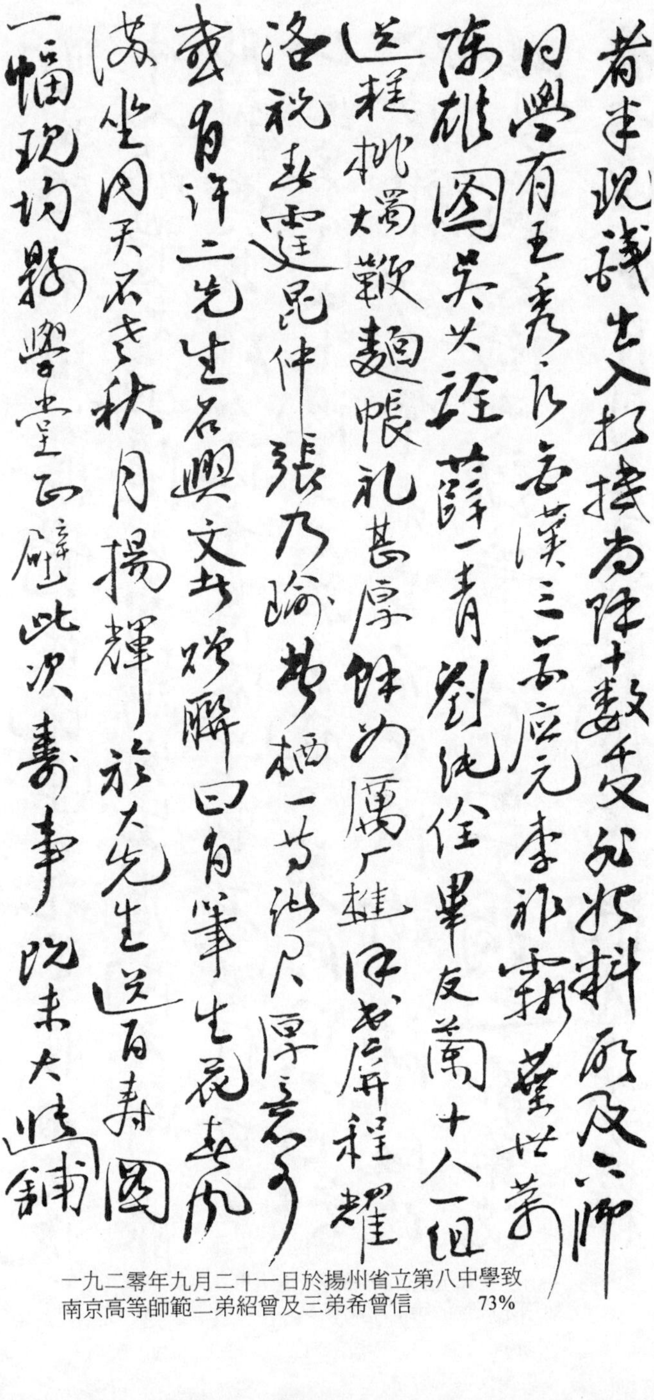

一九二零年九月二十一日於揚州省立第八中學致
南京高等師範二弟紹曾及三弟希曾信　　73%

亦甚熱鬧　祖父很覺疲倦　連日吃葷腥　祖父腹中又脹　覺不適　隨即到馮先生處開方劑　服兩劑而愈　祖父說本月家中暫不寫信　因其已在兄信中說了　不必再說　三弟所留書已知　今將新抄帶來　是否要請柳師批改　歷史稿不識大動筆否　弟可詢之　前弟說有一種半月刊專載我國可調查史名稱

一九二零年九月二十一日於揚州省立第八中學
致南京高等師範二弟紹曾及三弟希曾信　73%

價目出版地點行事告高師日刊以後仍
遲周寄來最前尚缺數張且最好講習
時每有日刊不識亦能領取否暇時可請柳
師及晚向秋書畫家中一聯一屏很不弱
用堂印詞
近安 兄冠助

一九二零年九月二十一日於揚州 省立第八中學
致南京高等師範二弟紹曾及三弟希曾信 73%

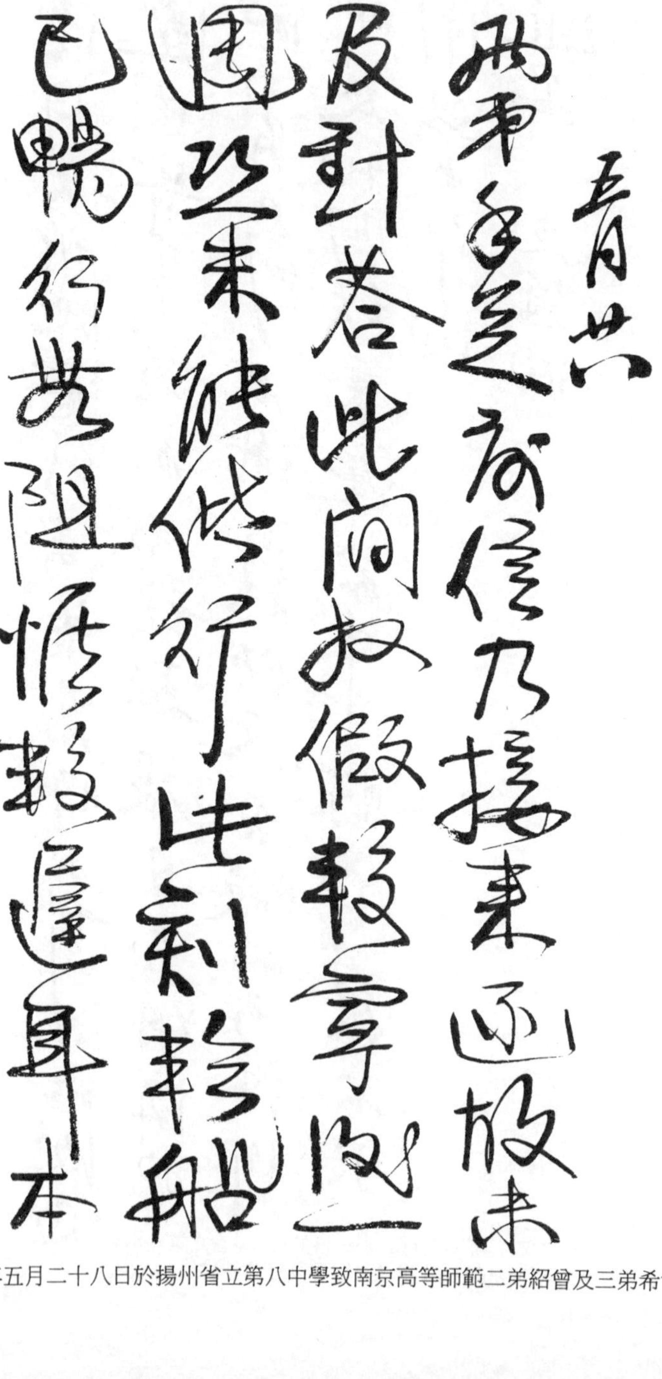

一九二一年五月二十八日於揚州省立第八中學致南京高等師範二弟紹曾及三弟希曾信 78%

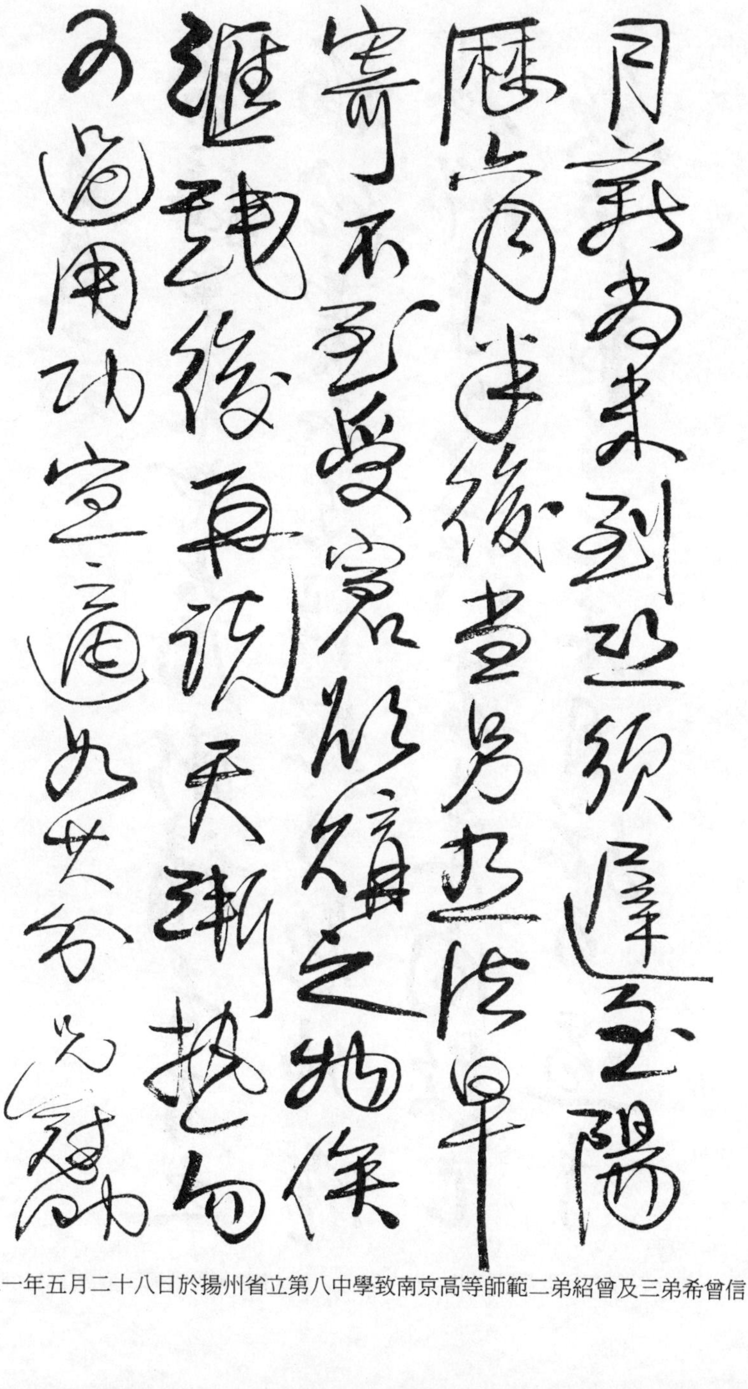

一九二一年五月二十八日於揚州省立第八中學致南京高等師範二弟紹曾及三弟希曾信 78%

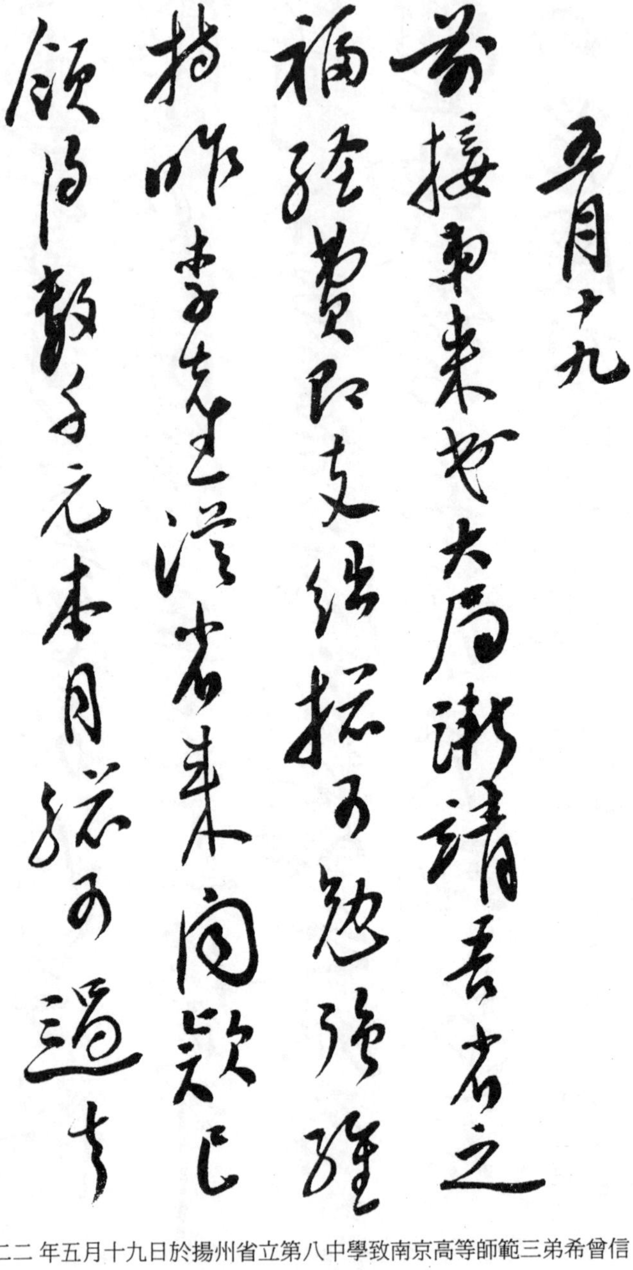

一九二二年五月十九日於揚州省立第八中學致南京高等師範三弟希曾信 78%

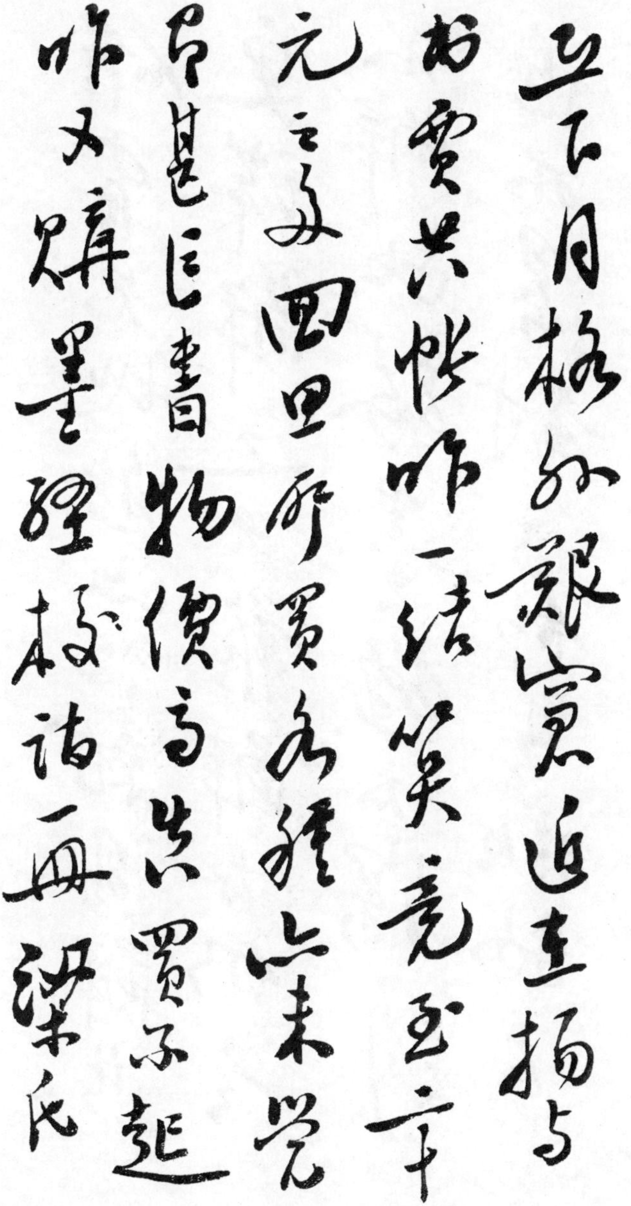

一九二二年五月十九日於揚州省立第八中學致南京高等師範三弟希曾信　78%

確有見地然亦只就易解者
更詳解之其難解者仍是
不解此緣墨經太深了
近外界對高師出版物大

一九二二年五月十九日於揚州省立第八中學致南京高等師範三弟希曾信　78%

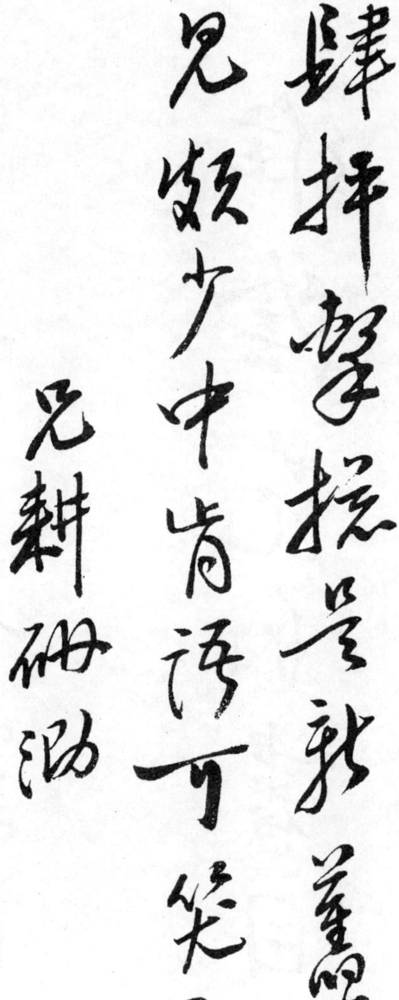
肄拜擊揔是我輩之
兄頗少中肯語可笑也
兄耕硎泐

一九二二年五月十九日於揚州省立
第八中學致南京高等師範三弟希曾信　78%

淮陰范氏藏書室書目

淮陰范氏書目

淮陰范氏書目　　淮陰范氏藏書室書目

一九二二年於淮陰人和巷題簽　100%

西洋歷史地圖一冊
西洋史圖一冊 陸軍由印本
歷代興亡表一幅
西洋暗射地圖一冊 京師石印本
世界各國暗射圖一冊 陸軍石印本

集類

楚詞章句補注四冊 寧局仿汲古閣本 黃叔琳點
楚詞疏 陸時雍著 石印本
楚詞天問箋一冊 丁晏著 粵刻本
天問天對解一冊 楊萬里著
屈原賦戴氏注一冊 戴東原著 粵局本
楚詞講義二冊
楚詞集注二冊 朱子著 鄂局本
楚詞叻燈一冊 同上

行草

離騷箋一冊　鄂局本
離騷草木疏一冊　鄂局本
離騷集傳一冊　鄂局本
屈子四冊　王邦采箋　粵局本
屈詞精義二冊
楚詞釋二冊
離騷正義一冊　方苞箋
文選李善注十六冊　影胡刻本
文選集評十六冊　坊刻本　缺一冊
正續古文詞類纂　冊　坊刻本　程振不先生贈　又一部　冊　批本
黎選續古文詞類纂　冊　批本
經史百家雜鈔十二冊　排本
六朝文絜箋注一冊　石印本
文選不種冊　石印本
唐宋八大家文選八冊　呂晚邨選　石印本

淮陰范氏家書第六冊

一九二四年於
淮陰人和巷題簽
78%

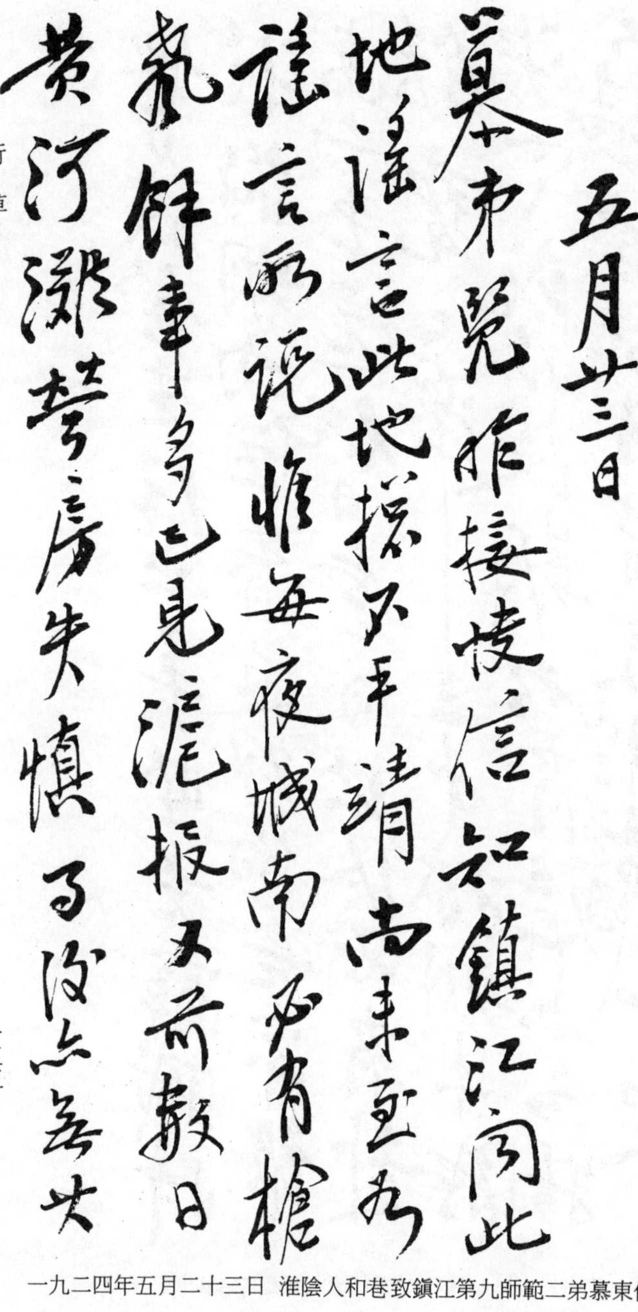

五月廿三日

慕東覽昨接來信知鎮江聞此地謠言此地雖不平靖尚未至於謠言所說惟每夜城南多有槍聲舒車多已是泥振又前數日黃河灘禁房失慎了沒点無火

一九二四年五月二十三日　淮陰人和巷致鎮江第九師範二弟慕東信　78%

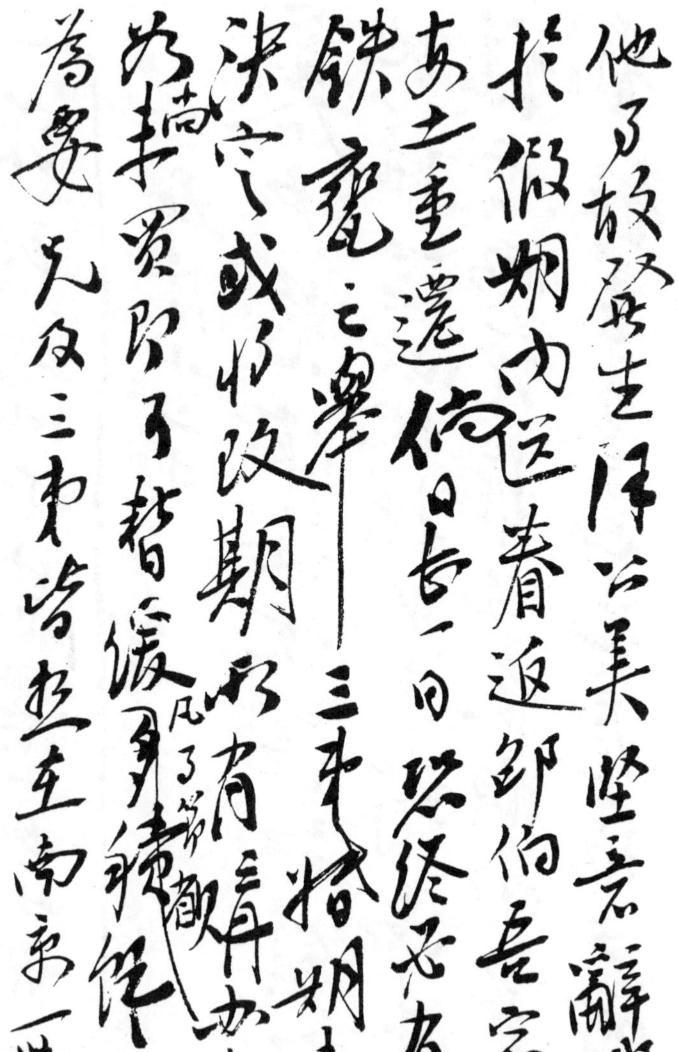

一九二四年五月二十三日 淮陰人和巷致鎮江第九師範二弟慕東信 78%

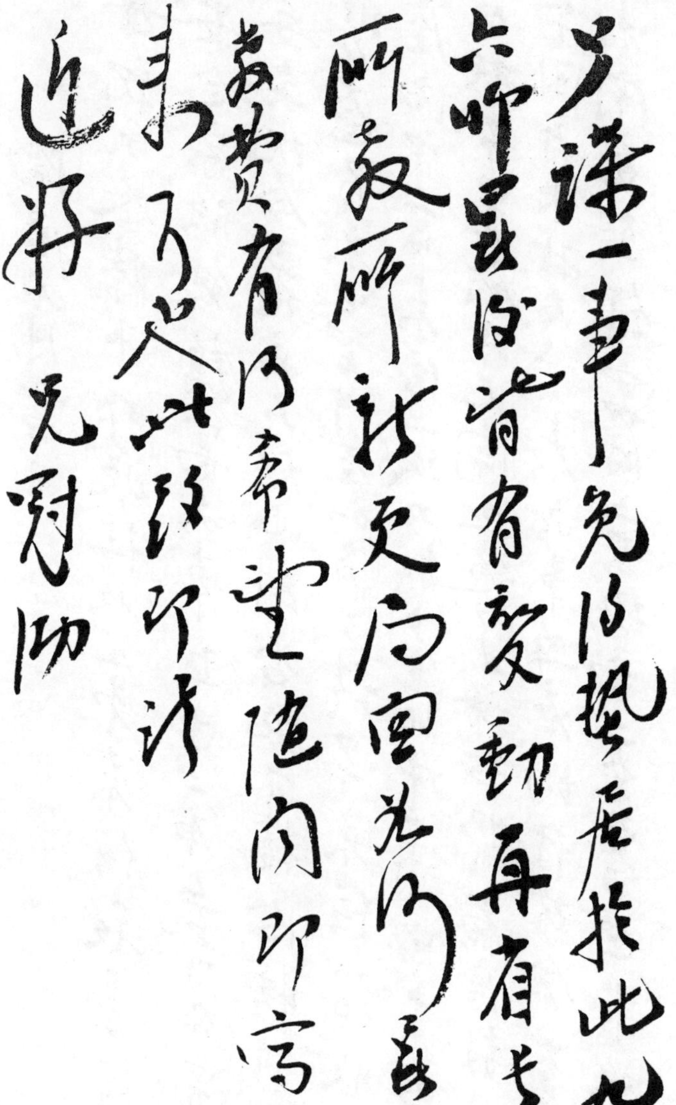

一九二四年五月二十三日 淮陰人和巷致鎮江第九師範二弟慕東信 78%

陰歷六月廿四日

母親大人膝下　昨晚接收三弟來信　敬悉一切
安　全家欣慰　鎮寓兒事　想由二弟在前布置停
妥矣　現今兩角府大江已到　岳那方接洽情形如何
懷遠存有木器大件　歷如有之請早來信以便收拾房
屋　前寄二日來信一次乃將消息靈通　家中兒事
已經布置好手已問過了　安排好好寓居數日昨下
午回府　大姊太太又來　兒事如何均請放念　大丈一路
未開　岳在鎮寓時　二姨頗　岳　二丈十五日回家放一大顆

一九二五年陰歷六月二十四日　淮陰人和巷爲三弟希曾婚禮上鎮江老母劉太夫人書　72%

旋二弟此數日間無大災同妻時覺安頓大哥于時常
坐起邪邪嘴裏亂喊能嘆所頑均請放心三弟遲生居
能走能說話居今早到萬府報告平安信現學校
預算已經寄保先生處不復辭又發請信件九份
與二弟此詢二弟下次來信及之此上即請
福安　男某謹上　兩弟同此問好
萬三伯處望弟代說請安不另寫信矣下次來信每時
萬三伯可詳述之也

一九二五年陰歷六月二十四日淮陰人和巷爲三弟希曾婚禮
上鎭江老母劉太夫人書　72%

八月三十一日陰七月十三日

喜事各種手續已清否如今已搬回原宅否

慕東弟覽前次三弟曾去一函述木器

照片像到再定印否

鞋帽等辰覽悉安人帶去

七件已收到如遇錢君當謝之麴租已

木器寄来後已由三弟寫信到杭詳開物件

開始收各佃偺口水旱光緣潮離之糧

帳目不必細開但記總數可矣

母親使其推田二次再来時較好大概

一九二五年陰歷八月三十一日 淮陰人和巷致鎮江第九師範二弟慕東信 74%

有兩年八成也九師招考已過否六師於陰十六日始考母親初不欲使新娘子往考嗣以其志堅因許之未知能考中不鎮江各事如何甚為掛念望常寫長函乃可明白母親背才到家時曾發一次寒熱以後十日間甚為平安總要請周秘臣開膏丸方漸〻調養也新庄之女儀妥當否聽說彷于不如彥且不緊也是宜速覓另佳不必耽延也 兄冠勛

一九二五年陰歷八月三十一日 淮陰人和巷致鎮江第九師範二弟慕東信 74%

今晨石先由鎮來浦承其傳信
來知鎮江秩序如常學校依然
上課閤家安慰此地情形較前
數日差為和緩聯軍已有開至
此別紙之信乃昨晚寫成不無

一九二五年 淮陰人和巷致鎮江第九師範二弟慕東信 77%

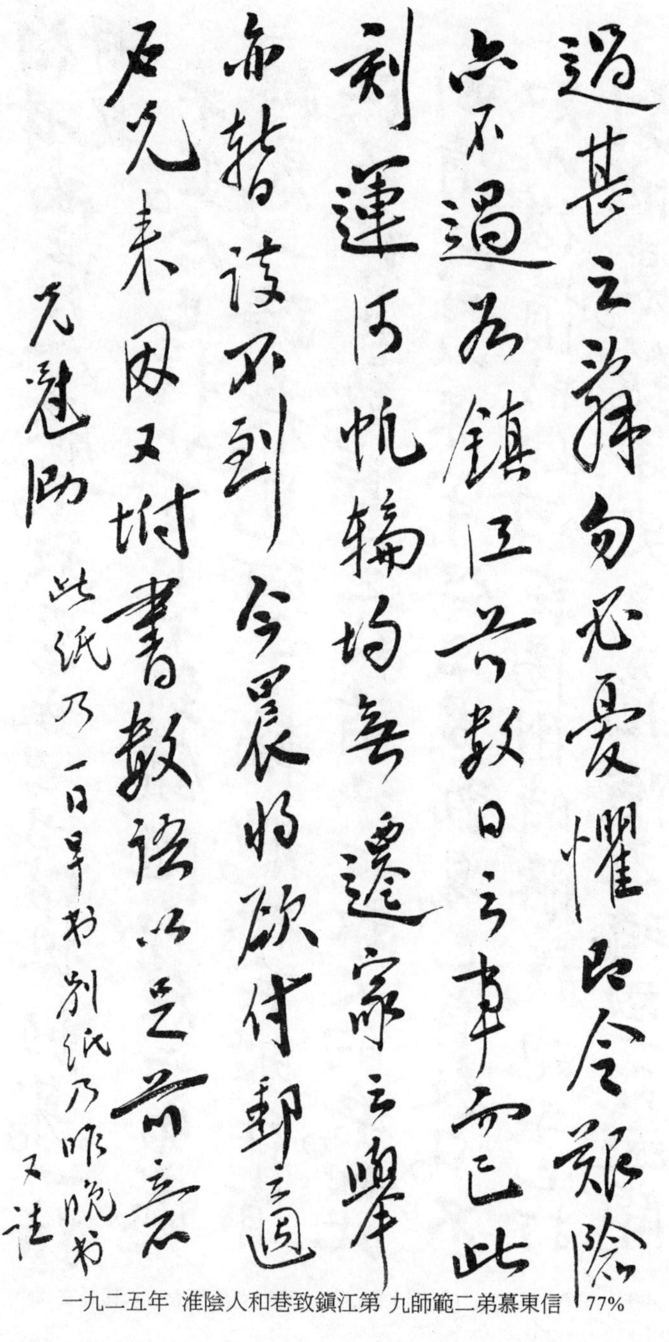
過甚之辭勿必憂懼已令龔陰
亦不過為鎮江一行數日之事而已此
則運河帆輪均無還家之舉
亦暫讀不到今晨將欲付郵適
石兄來因又附書數語以至前言
兄琨啓
此紙乃一日早書別紙乃昨晚書 又注

一九二五年 淮陰人和巷致鎮江第 九師範二弟慕東信 77%

伯母
母親兩位大人膝下。敬稟者。男等昨晨動身。一路平安。今已於廿一日下午到鎮。隨即往二弟處相見。一路來。見河中輪船。拖兵船往清江。不計其數。皆是救清江。打敵人的兵。如此。則清江可以保守。但男等動身。已有數日。不知以後情形如何。在揚州時。聽說砲子已打到城裏。鎗子更多。危險之時。望即避開。

一九二五年 鎮江第九師範上書淮陰人和巷老母劉太夫人報平安 85%

勿必顧家了。再萬勿為男等焦慈。男等在鎮
江頗為平安也。男等在此。甚盼望清江消息。
如能有機會。望多寫信。告知確實之事。最
好預先寫成。等郵差送信到家。即交其帶
回。着得親自遞到郵局。所欲寄之衣物。萬不
可急。如其時鎗炮。在城中亂亂的打。即不可寄。
着得冒險。而且到處皆不安穩。終當回到
清江也。

鎮江地方太平
學校照常上課

敬請

兩宅如書函盜竊前門戶。則
大門外宜加鐵鎖自最孔以為

福安　男尉同叩稟　歸和等同叩

可託蔡四先生
設法繕办。

大姑母安　姊前請安
另外一張信是把蔡四先生的

一九二五年　鎮江第九師範上書淮陰人和巷老母劉太夫人報平安　85%

146

十月十三日【星期四】陰九月十八日【庚辰】

上午枯坐室中苦寂寞憭慄覺無聊下午独遊街市一周亦未得樂趣

十月十四日【星期五】陰九月十九日【辛巳】

看高中新生考午後同樹遊街市買鞋子一双

147

十月十五日【星期六】陰九月二十日【壬午】

早渡江至趙吉士家母下午返揚晚寫寄信件二封次日發之

十月十六日【星期日】陰九月廿一日【癸未】

上午閑行街市下午赴黨部黨員全体會議晚寫信致陳魯山絕其請託看皮錫瑞經學歷史

一九二七年日記 85%

64

五月三日【星期四】陰三月十四日【癸卯】

日兵違法開至濟南且与我國軍隊尋釁我國一再退讓而日本仍開鎗殺死我國軍民數千豪横無理至此已極九世之仇何日得復人生但[illegible]吾生終抱放翁之嘆也已

五月四日【星期五】陰三月十五日【甲辰】

學生運動紀念日放假

65

五月五日【星期六】陰三月十六日【乙巳】

孫中山就任大元帥紀念日又慶賀克復濟南放假時日本在濟南戕殺中國交涉使蔡公時及兵民共數千人消息傳來人心大憤再往市間散發傳單並布日本罪狀

五月六日【星期日】陰三月十七日【立夏丙午】

本日未出錄荊公詞一卷寫信与三弟無話可說

一九二八年日記 85%

章實齋先生年譜

先生名學誠字實齋姓章氏浙江會稽人見兩浙輶軒錄補遺譚獻復堂存稿小傳及同治文獻徵存錄附邵晉涵傳作張學誠者誤五代時太傅公之後神堂神主役記往在京師有福建江西江南諸籍貫者皆曰太傅公裔按此乃章氏所託始也太傅公者名仔鈞五代時人世居浦城洋沈有大度年逾四十晦迹不仕後以王審知尚知有唐乃詣軍門上戰攻守三策審知大喜館為上客奏授高州刺史檢校太傅北面行營招討使在官有仁政民甚懷之卒賜志寔王有子十五人孫六十八人分居各省後均蔚為巨族妻楊氏以家居練湖世稱練夫人亦有賢德神堂神主役中六宗述及之由浦城而山陰再從而籍道墟神堂神主役又樂野先生家傳記由國自文叔公於宋光寧間卜居偁山之陽是為道墟道墟始祖於太傅公為十三世孫神堂神主役歷元明迄今先生時已凡五百年偁山章氏改宅分祠碑記自文叔公居三世分族為三先生為仲氏之後子姓聚處族屬蔓衍負山阻海迴環十里之間比戶萬家族之鉅者無若章氏樂野先生家傳而先生先世自道墟遷居府城蓋亦百年仲賢公三世像記祖名某未詳字君信惰行隱

三一硯堂鈔藏

本叢書第十一輯《章實齋先生年譜》原稿 一九二七年 淮陰人和巷 85%

故即俗說原故之故畢
疑或与固同張說非性
所生人為乃成深求轉
失其義
上七条故也下據此字知
本經之梁不以孙說為
此更引可有此字益
於孙本條注忘刪之耳

墨經校釋　二

其解耳。

「體也若有端」五字，張惠言謂爲第二條之錯簡，孫從
非是，此文言小故爲大故之體，若尺之有端耳。

釋說文『故：故使爲之也。』加熱能使水蒸爲
凝爲冰。汽，得熱而成，冰，得冷而成也。故曰：『
也。』第七十七條經說云：『故也者，必待所
與本條相發明。

此條論因果律，實論理學上最重要之問題
物所以然之故，卽事物之原因。原因分爲兩
「大故」分原因，謂之「小故。」例如見之
所需之故甚多。一：須有能見之眼；二：須有所
傳光之媒介物；四：須眼與物之間莫爲之障；

上見指見之因下見指見之事蓋分因各有專名可象如眼如物如光然因則物以名之物以名之名之曰見云宋張改為得大誤

此物。此五故者，僅有其一，未必能見；若缺其曰：「小故有之不必然，無之必不然。」蓋小一體也；其性質若尺之有端也。（義詳次條。）合諸小得大故則事物成，故曰：「大故有之必然。」故同時輳會則「見之成見」也。佛典唯識眼識待八緣而生。可知「見之成見，」其故大取篇云：「夫辭以故生，立辭而不明於其取篇云：「以名舉實，以辭抒意，以說出故。」子未察吾言之類，未明其故也。」彼諸文之所謂「所得而後成」者也。孟子云：「天下而已矣。」亦即此「故」字。

二 經體：分於兼也。

行草

讀《墨經校釋》之眉批 一九二七年 淮陰人和巷 100%

第三条知材也释知之体，此释爱之体，正相对

經中體字与說中用字對文，言以愛為体即本体之愛，而非有作用之爱也。張云以愛為体是也，梁解非是

不若猶言不同也

所謂『以其知論物』也。以上第一條第三四五六條，皆以見此。

墨经雖云体分于兼，然此处却非部分之爱，適得其反，若云以部、

七

經 仁：體愛也。

說 仁：愛己者，非爲用己也。不

舊譌作著。若明二字舊衍。

校 舊本馬字下有「著若明」三字，孫云：疑著作著，並衍若明二字，啓超案：孫說是也。

釋 仁者『相人偶』之謂。見禮記鄭注。箇於兼；人之愛人，若手足之捍頭目也。爲用己也，愛馬者爲用馬也。因其足則是以愛爲手段也。墨家之言仁也

墨經校釋

讀《墨經校釋》之眉批　一九二七年　淮陰人和巷　100%

半字又增一半字于上以
為牒字太覺迂執也
說詳見該條按語
又六八條梁既改經文且字
為正字又于說增正字既改
又增實所未安詳見該條
又九一條說本是諾字梁
刪去經文又改說中字殊
未安詳見該條
又九二條說梁不能解
實倒說詳八五、八七兩頁
又九五條梁將經文及經
說均改之以就己說亦非
又九五條說本非獨立一
條梁強割之又乙轉正

起，因牒經之「智」字，最可信據也。章氏又以
火』二字並屬四十八條。（國故論衡原名篇。
見火』斷句，而以『見火』二字並屬四十七
以火見』斷句，因下「火」字乃四十八條牒
言孫詒讓皆以『我有若視曰智』斷句，指爲
知此條決當從「智」字起，因其爲牒經之文
（二）經說下（葉二十）『若耳目異木與夜孰長』
孫以『若耳目異』斷句不知自「異」字以
不比說在量』「異」字其牒經標題也。孫不字
不成詞，乃誤割以屬上條矣。
（三）經說下（葉十五）『若敗邦鬻室嫁子無子在軍
此段應以『鬻室嫁子』斷句釋第三十二條

行草

讀《墨經校釋》之眉批 一九二七年 淮陰人和巷 100%

字以為牒字亦非
經下一條經與說全段未安
又十三條說未安
又四十條經分段歐為區說
分段俱為區未安
又四十二條以在字起誤
說詳該條按語

自「無子」以下，則釋第三十三條之「無說
乃牒經標題，「子在軍」三字成句，本甚易解
無子」讀爲句，不成文矣。

（四）經說上（葉八）「心中自是往相若也」

此文「心」字乃前條錯入者，「中自是往相
文之「中同長也」「中」字乃牒經標題。孫氏

（五）經說上（葉九）「堅異處不相盈」

此條釋經文「堅相外也」「堅」字乃牒經標題
盈」（增一白字刪一不字）誤欲引堅字連下

（六）經說上（葉十）「若姓宇灑謂狗犬命也」

此文自「謂狗犬」以下，釋第七十九條經文
其牒經標題也。「灑」字乃麗字之訛，應屬上

墨經校釋

讀《墨經校釋》之眉批 一九二七年 淮陰人和巷 100%

民國十六年九月十九日陰八月廿四日寧字第一封

耒弟大鑒自二十日送行後迄今又數日今早接来電知已到館甚慰惟尚未接到詳函路中細情館中事務均未得悉諒皆平安妥帖仍望從速来信細寫清楚也自弟走後那日格紙印成備價不千五百文取歸当俟有相巧人南下即請其携去在此时期来往頗不乏人羅耒甫周应生謝君均已返甫应生不久接到詳情向不可知容後再述据云江南政変各校多未能開陣亡之士尸作爽執莫氣薰蒸頗於衛生有礙弟在京務必注意珍攝起居飲食最関緊要不可疏忽亦不可過拘忌動輙疑慮讀书用功更宜有節好在龍蟠里地方清净空氣新鮮隨时調節是為至要館中經济現狀如何当此窘绌之时個人宜略有餘以備不时之需実不

一九二七年九月十九日　淮陰人和巷致南京國學圖書館三弟耒研信　85%

詩已閱府上可備一格從免三家不搢為也兄抄英詩已盈一冊
凡二十餘題九十餘章而所搜材料尚未完了又列在嘗試集中
找到數首亦係中英對列吾思家中各書恐尚有此苦未及發見
其至胡譯哀希臘歌能較蘇曼殊家合否其中國詩味亦
失去不少且蘇馬亦為有甚殊到處並列觀之頗有趣也弟若譯
文僅可助人讀原本耳不啻一種小注此語甚是也兄將為師猶
又中原詩隨讀隨翻頗不費事已成二首十一章矣後再錄寄中
國詩人每為無味之牢騷而西詩中稱美上帝者幾首首皆然能
未必果由迷信但亦是習氣甚可厭也我所見者皆十九世紀詩
現代詩人或者不如是寫至此已滿一張想不出別話可說此後
信紙只用此種紅格弟如紙未攜帶今兵函中寄去數張便用之附

一九二七年九月十九日　淮陰人和巷致南京國學圖書館三弟耒研信　85%

二弟手足：兄於前日去一函，想已收到。昨日學生來談及叔鶴事，謂叔鶴已做成一文（不知用何人出名）反對李某，且將反對我學閥，未寄，已宣布。吾兄以為此舉似屬未當。在叔鶴勞苦功高，而李某悍然不顧，不來合作，固屬令人憤恨。然李某初到，劣迹未彰，遽發宣言，人必疑其挾嫌不實。

第四中山大學揚州中學校用箋

一九二八年二月十八日 揚州中學致淮陰人和巷二弟紹曾信 80%

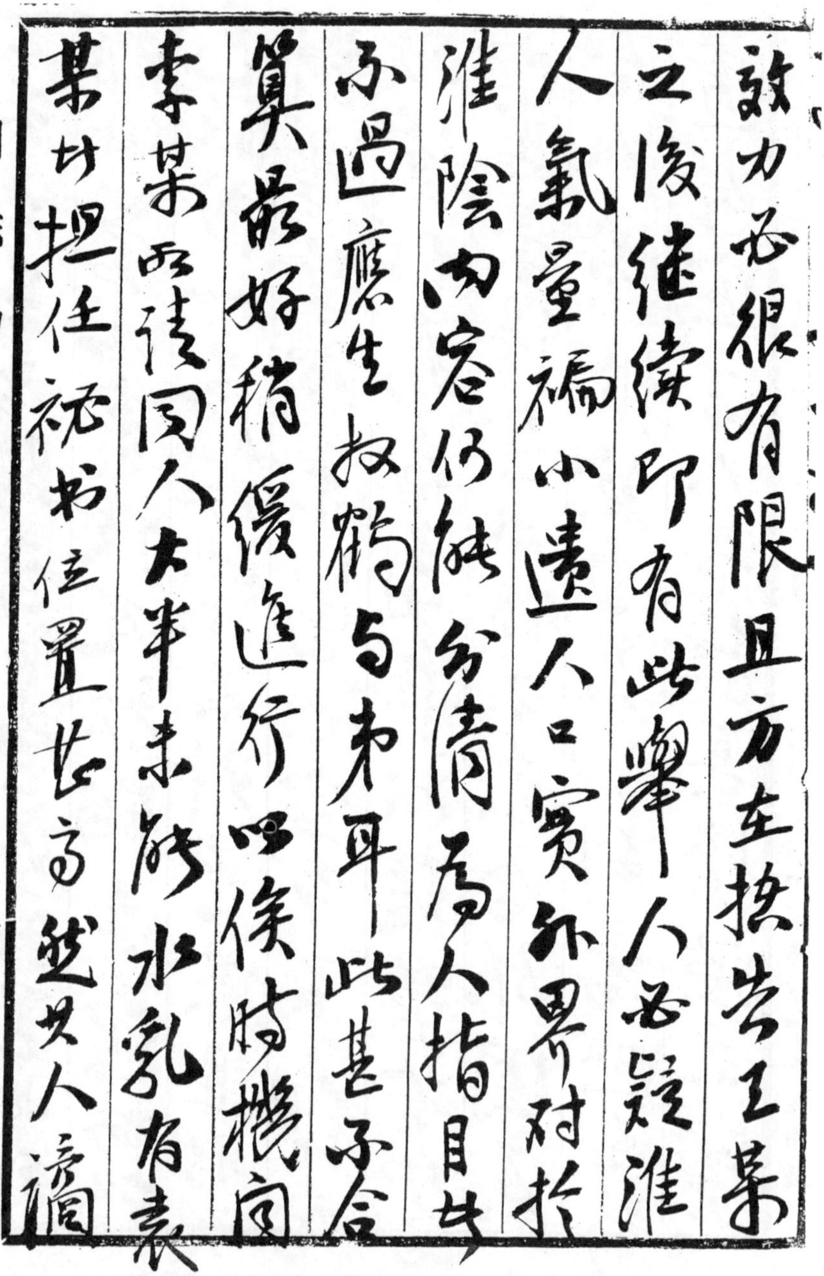

致力亦很有限，且方在接告王某
之後繼續即有此舉，人必疑淮
人氣量褊小，遺人口實，外界對於
淮陰內容何能分清，為人指目此
亦過磨生救鶴與弟耳，此甚不合
算，最好稍緩進行，以俟時機。閱
李某所謂同人，大半未能水乳，有袁
某甘担任秘書位置甚高，然其人謫

第四中山大學揚州中學公用箋

一九二八年二月十八日　揚州中學致淮陰人和巷二弟紹曾信　80%

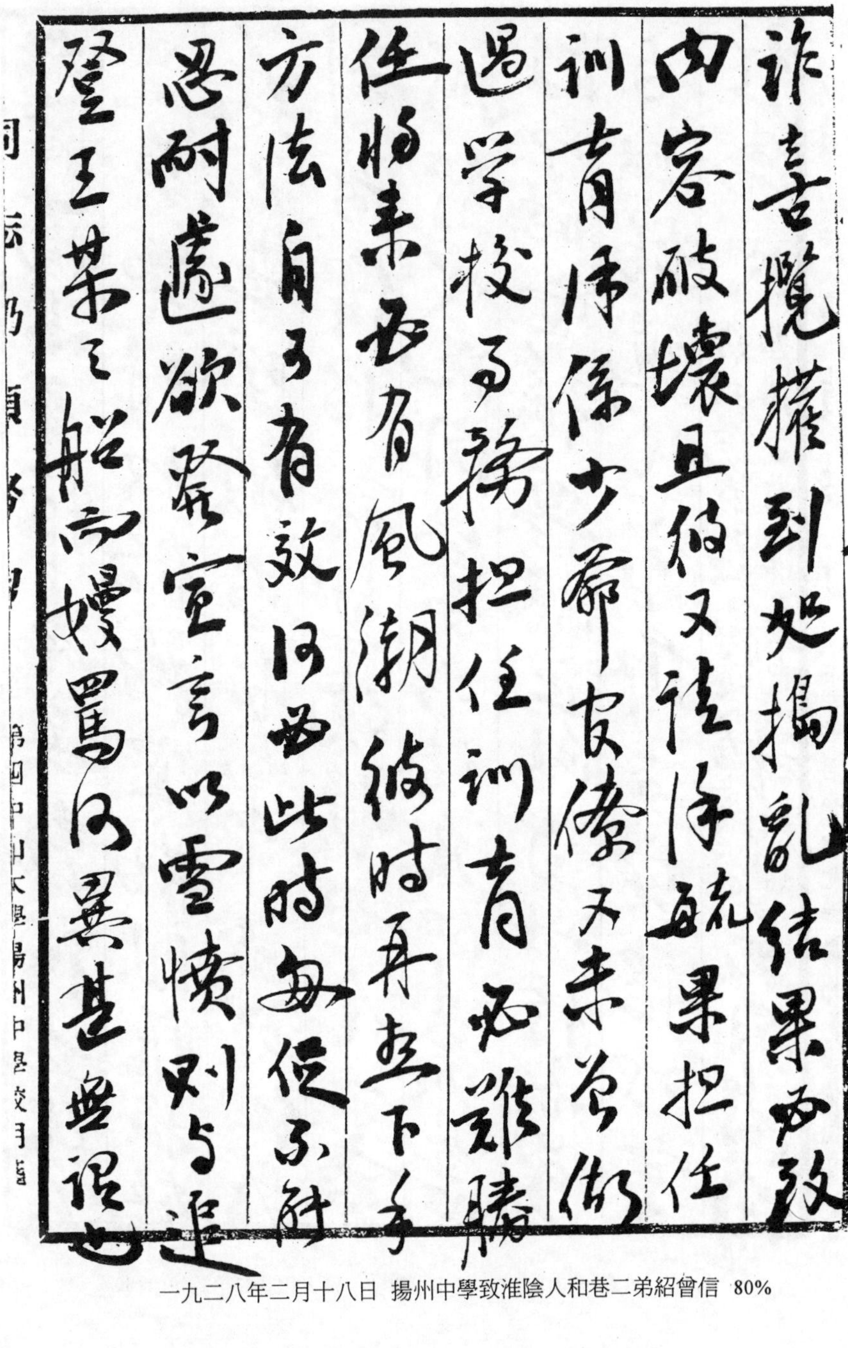

詐言攪擾到處搗亂結果爲致
內容破壞且彼又往傳毓課把任
訓育係少爺官僚天來爲御
遇學校事務把任訓育恐難勝
任將來再有風潮彼時再來下手
方法自可有效何必此時每使不能
忍耐處欲發宣言以雪憤則與進
登王某之船而嫚罵殊甚無謂也

一九二八年二月十八日　揚州中學致淮陰人和巷二弟紹曾信　80%

此時萬不可輕舉妄動，任其貽人口實。木封叔鶴務宜勸阻。惟叔鶴為人甚堅毅，其於此中事理細為剖告，俾得豁然覺悟，毋令一意孤行也。兄聞學如請及仲甚作急，故即時寫信四叔亦止此事，此信無可與叔鶴觀之。家鄉事寬僅時寫信來也。

行政院新頒教育會章程，不知與淮陰教育會有影響否，念念。

兄冠東 十八日

國立第四中山大學揚州中學校用箋

一九二八年二月十八日 揚州中學致淮陰人和巷二弟紹曾信 80%

抄成率題數絕句賦邑事亦不專為此志發也廿五年二月范耕研記

漫說淮濆荒落甚文章功業有韓枚千年流水成今古不見王孫舊釣臺其一

舊聞何處覓圖經一代文章失典型賸有婆羅付妒筆坐論北海眼為青 唐代三百年詩家眾多而淮陰無一人殆因經既佚無可考耳其二

楚州下邑合華夷分合仳離饑耕右史詩篇高士畫區區亦可見偉奇 宋金以淮水中流為界淮陰分屬兩國兵燹之餘民生憔悴其時文物侍於今甚寥落也其三

似說浮梁不可求魚頭彈射未能周明清六百年中事多方遺聞一例收 曾吳淵公未見嘉靖志余從北平抄得之淮陰人文唐宋以來均甚簡約自明而後乃燦然具備蓋浮梁創修之功也若謬偶疏未足為病其四

浮梁創始事誠難以簡稱鄙實不安一祕蘭臺三百載人間又得寫烏欄 勤惠記淮志中莫難於浮梁莫簡於博羅此語亦未諦若志四卷殘存三卷規模闢劇豈惟不遜於浮梁即桐鄉所纂亦不過纏其成事而已記之為簡無乃厚誣其五

茫茫淮甸大河橫昏墊餘生苦蹴更抄羅遺編三嘆息幾時禹蹟再澄清 若志於舊時河患差詳再三致言自河流北從邑人方得息喘今則河決魯餘有南來之勢讀吾志往事能不驚心動魄耶吾局錢之導淮莫蘇民困誠恐不能敵天行耳其六

題詩於抄錄《康熙壬子志》後 一九三六年二月 揚州樊廬 85%

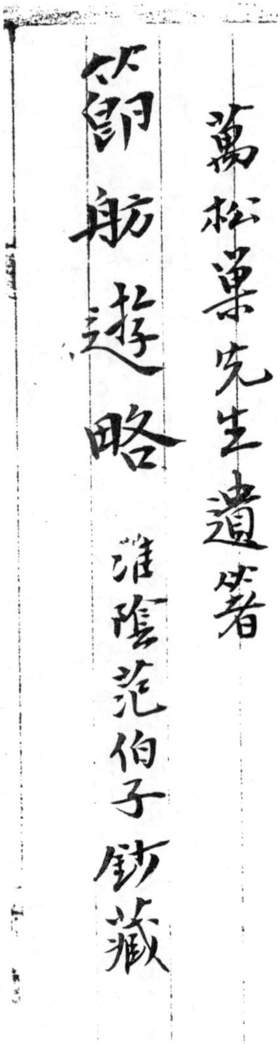
萬松巢先生遺箸
節舫遊略 淮陰范伯子鈔藏

《遊舫節略》手抄本封面 萬松巢先生道光七年隨漕督月納爾經額北上，道途經過之日記 一九三六年十月 揚州樊廬

85%

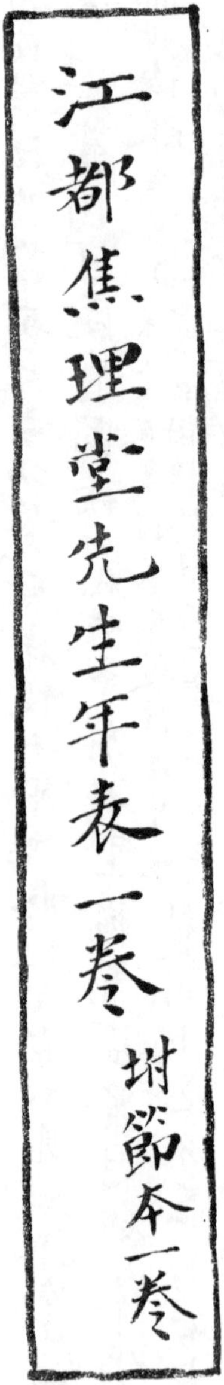
蘦硯齋叢箸之一
江都焦理堂先生年表一卷 坿節本一卷

本叢書第七輯《江都焦里堂先生年表》原稿本之扉頁 一九三七年五月 揚州樊廬

85%

硯齋日記

○廿七年正月元日試筆

亂離驚改歲元日得睦和消息參疑作心懷恨茫與一家猶聚慶萬姓若奇

波以日銷胡禍還鄉唱凱歌

ㄙ卯僻太工 心之此句為太泛則其降之 按其字不律應作必字或古人自有此文法 作虛詞其宗義

四未瑆為詩師曠之所謂 按既之詩師曠之所謂則上不應作未瑆之字疑誤 是已瑆矣 又按未

瑆其謂夢中四處未及瑆為已悟之其速也

已與二者爭 按已同以

下之私其斗斛區釜以出貸 按斗斛區釜皆量名 區字再考之

終歲布帛取二制焉 按制字再考之

不聞不生 按猶之未嘗聞有不得生者也 謂歸田成子者皆得活也

則非棲季之足 按棲季未審何人再考之

擅愛之臣 按謂擅自愛民之臣施私惠以奪君權者也

查此之為 按為應作時

行草

一九三八年正月元日日記 鹽城建陽鎮周廬 71%

硯病日記 隨伯子自題

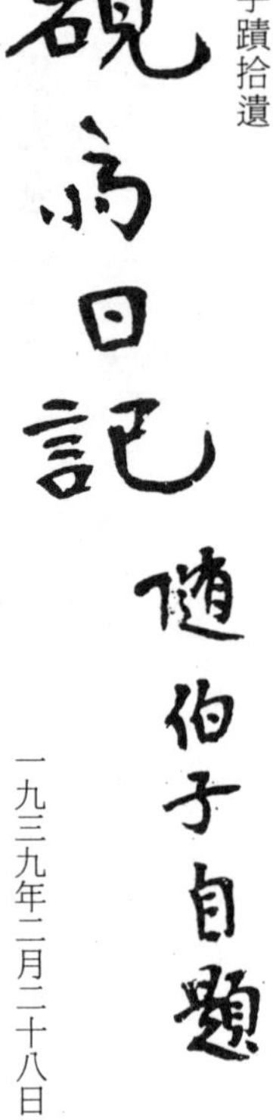

一九三九年二月二十八日日記封面　淮陰水渡口

100%

硯病日記　民國廿八年

二月廿六日舊曆臘月初十日半夜逗君來告天縱洋內失陷京起驅車入城梅家母到老宅覆兒莊玉祖女赴南郭殿六鍵來伯貞金燕也卅兩蓮慕未來快遠宋村祝世病未盒不能返行高訪勞君盡塞修住仁慈醫院少妻留辰四產迪亂孙兒囚圄因伯衡北大及女薪日行此沈宗人行卅宗母祖震祥依慕掃及子女店周父女共廿六人分三起到淮本門已傍晚船罣被官封不予回車友作標以者的力封日二舟全家与周立至茗房多貨女一瓶夜開船伯薑土橋別有學生船一隻於波先

三月初一日待慕未玄九時開午到車橋械阻周文百車橋巴志卸君接給幸伢央許行旅潘三爻玉船巴晚伯流絅溝甲月色辛日辭霑午生日孝擬家祭四郭亮羅卒甚佳夜半大風

初二日阻風旅雨向西北移去甚迅移船南陽通風

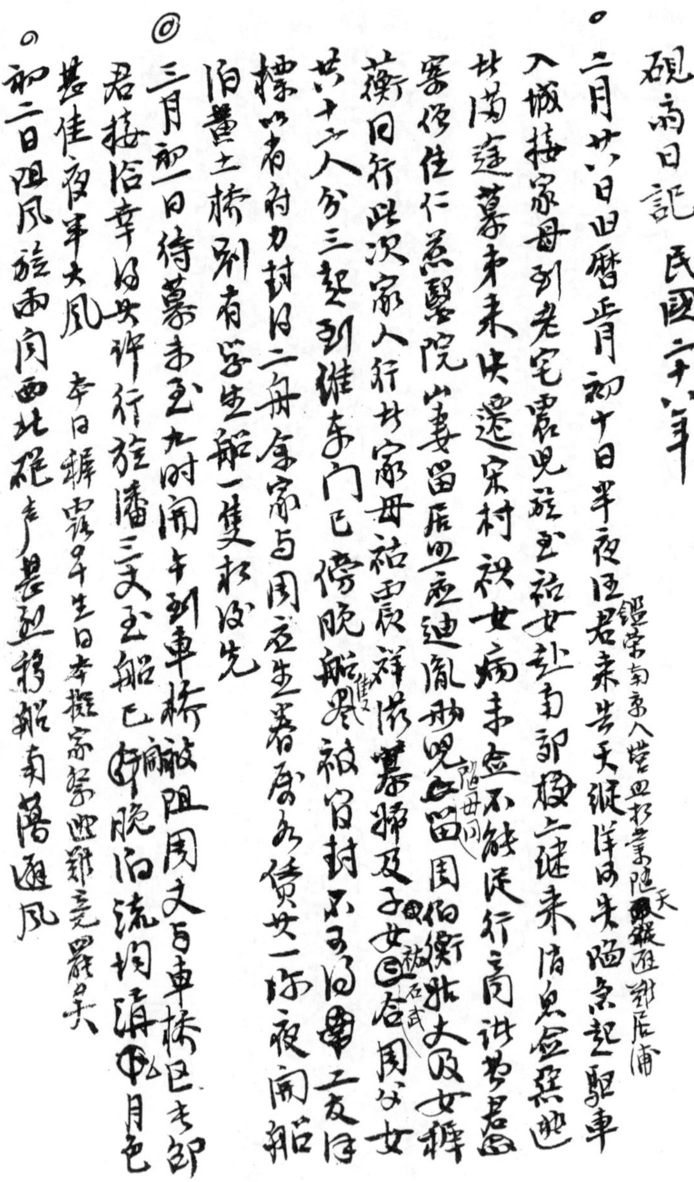

湖居日記卷之一

雲硯人記

◎民國二十六年十一月十六日陰消息不佳學生意志渙散上課頗不寧靜下午訪周文高主留向題晚須公來遂決歸計 ○十七日晴十八日陰消息甚惡 ○十九日陰覓車船不得終日惶惶與須兄奔走道路迄無所得然向而已山妻在家收拾雜物忙迫萬狀晚周瓊來約同行劍我女公子也 ○廿日陰雇得一船又為軍人占去時人物已搬至岸小雨霏霏我機又擱旋頭上不得已運物入客棧湫隘已甚惶迫萬狀而食急時除乃尋章有指工八九人同行分往覓船至晚得運由小舟一隻垢膩盈艙薦以稻藁不能拭除也十餘人局促其間而自以為得所思之怯然迄晚未開 ○廿一日晴有風一早開船行十里至渡頭泊淒凜如冬令境然歎 ○廿二日晴有風半夜開船晚過湖至邵伯又行數十里泊一小村落荒涼

一九四零年二月重抄之日記 鹽城時楊莊 85%

行草

荒邨小隱似遊仙，蹤跡疏疏亂夕烟。數縷雁聲雲外落，羞驚白髮鏡中添。

楊花和春稻花開，滿目天涯信不來。欲寄相思何處所，對雲新月共徘徊。

愛讀南華不近名，寶刀脫手言難平。欲書孤抱酬佳夢，卷裏何須記雨晴。

三年來蓬轉困飢驅，落落情懷記得無。多少悲歡付春夢，莫憑斷簡認前吾。

二九年十二月卅一日重裝此冊題四絕句　雲硯齋主識

此冊起自廿三年正月元日，時寓建陽，因九月四赴興化旅社中疊不幸得疾，回里就醫，家母既先逝，不久山妻攜兒女棄園居老宅，固是常也。家居凡四月，避寇江陷，倉皇南下，山妻以被病留，自是分居兩地凡一年半，余在宋村所記在別冊。直至今年六月余從宋村歸後，取此冊續記，遂迄於今，數年間蹤跡具在於此，因聊為異日寄慨之資耳。耕研

一九四零年 題詩於重抄之日記扉頁　鹽城時楊莊 85%

行草

荒郊小隱似遊仙躍蹤跳跳亂夕烟幾縷雁聲
雲外落移將白髮鏡中添一楊花亂占韶
花開萬目天涯信不來那寄故里無處所、
幾雲秋月共衡細細愛讀南華不近名
寶刀脫手意難平殘書孤抱酬佳夢
寒裏何須記雨晴三年來逢韓國飢
驅散散情懷記得一世多少悲歡付春
夢莫憑幾個閒愁哥吾
卅年一正月重抄一過題此四絕
淮陰范耕研

一九四一年再錄去歲末之題詩 鹽城時楊莊 85%

余前購得刻本符山堂詩惜首尾殘闕據目當得詩百九十首陳畏人抄本止百六十首與小傳語合此集殆有兩刻抄本從刻録出已有删節七絶較原目尚少九首當更求足本補録之也段蔗叟從京師得一本自詑為柘塘詠春所未見賦詩張之今遽書零落不知歸何所矣惜哉癸未冬抄耕研

范耕研

《符山堂詩》初刻本殘本跋　一九四三年　淮陰水渡口　85%

莊子詁義卷弟一

霝硯齋叢箸

淮陰　范耕研　伯子

內篇消搖遊弟一　各本消搖作逍遙釋文謂亦作消搖馬敘倫云消搖是故書故改從之消搖遊義取閒放

不拘怡適自得夫人之稟賦高下不同各極其性分之所及以盡其靡盡之功能乃可無負此生若乃知小而荷大是謂夸妄知大而安小是謂暴棄小大雖殊皆有以自盡是謂自由是謂平等此消搖遊之旨也雖然高下大小若世懸之辨也不有卷石無以成大山不有涓流無以成江海賢知者倡其義愚不肖者踵其成聖人創物百姓與能毛髮雖細闕之不為完人故郭象曰消搖一也豈容勝負於其間哉支公謂適性為得則桀紂殘忍亦消搖矣不知莊生方將無名無己乘正御辯豈復為煩惱之所障哉勿以此疑也

北冥有魚其名曰鯤鯤之大不知其幾千里也化而為鳥其名為鵬鵬之背不知其幾千里也　釋文冥海也梁簡文帝云窅冥無極故謂之冥鯤李頤云大魚

行草

本叢書第四輯《莊子詁義》原稿本 一九四三年 寶應芮府 85%

淮陰娑羅樹碑北海所書原石久佚世間僅有明人翻刻之本在淮安府署迭經變亂存亡不可知此本乃邑中舊家所藏以倭燬之難流落冷攤余於卅九年廉價得之去年勝利來日歸里藏書散就零落今春孺人既逝眷室南下而此冊仍在篋中不可謂非幸可以日清東當更付裝池以爲傳家瓌寶也卅五年秋耕研記於滬上

一九四六年題於《娑羅樹碑帖》扉頁 上海虹口興亞新村 85%

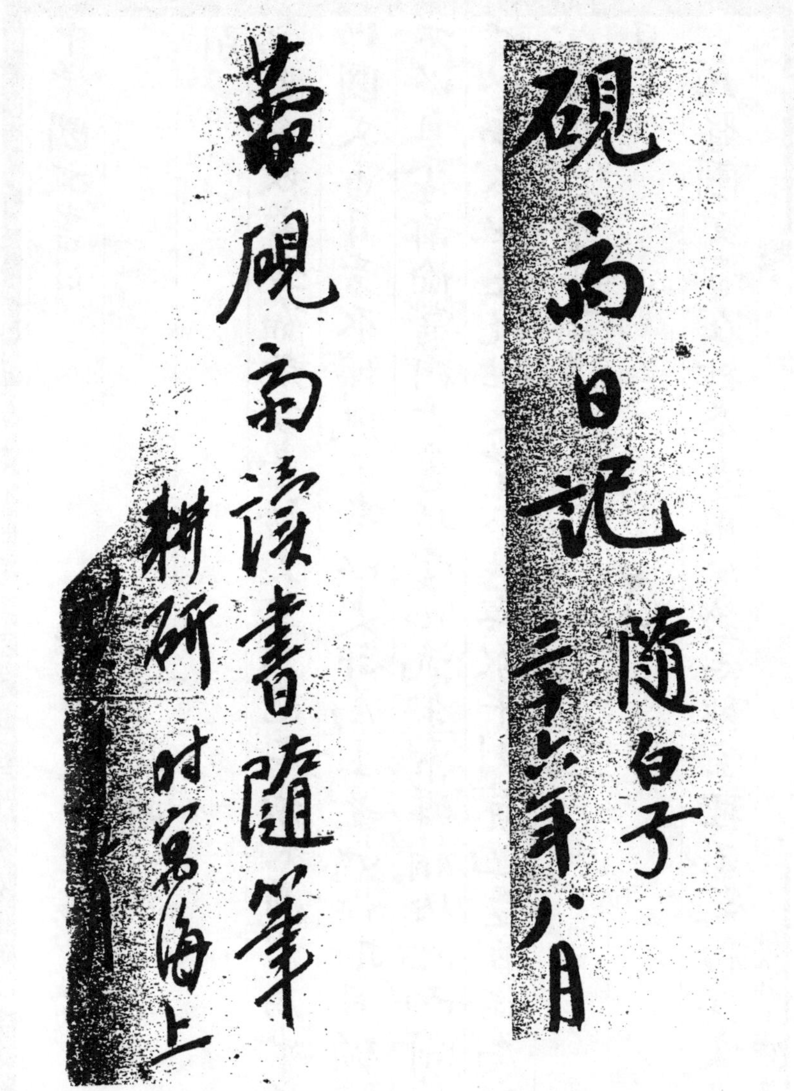

《薔硯齋讀書隨筆》封面
一九四七年九月
上海虹口興亞新村 100%

一九四七年八月至一九
四九年四月　日記封面
上海虹口興亞新村 100%

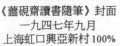

中学國文書目

章炳麟

引

余既為救学弊論或言專務史学亦恐主張太過求為中学作國文書目意取博汎不專以史部為主是（于）勉作斯目頗終不以自奪前論窮研六書括囊九流余素殫精於此而前論皆以為不亟蓋乱世之学不能與承平同貫也是目但為中学引導知者當識其旨趣

目

凡習國文貴在知本達用務越志趣空理不足矜浮文不

一二二

硯堂鈔藏

《中學國文書目》手抄本　一九四七年　上海虹口興亞新村　85%

淮陰范氏

足尚也中学诸生年在成童以上记诵之力方强博学笃志将从此始若導以傀奇則終身無就今列应習書目如左或诵或阅或由教師選授雖非舊術以限於时序有不得已而為之爾

尚書孔傳 選诵 選讲

孔本有偽古文经二十五篇宜简去其偽孔亦是托名正当循枚傳今不用段孫二家尚书者以段祇攷正文字孫编次古注未有裁决故

参攷书 惠氏古文尚書攷 刘氏書序述闻

胡氏禹貢錐指

《中學國文書目》手抄本 一九四七年 上海虹口興亞新村 85%

诗毛傳鄭箋 全诵全讲

诗多与國政相系不得以闾巷歌谣視鄭箋稍短而诗谱最要 参攷書 胡氏毛诗後箋

周禮鄭注 全诵全讲

周礼為官制之原歷代不能出其範圍不限於封建郡縣也唐六典明会典清会典編次之法皆依周礼杜及三鄭注並精善後儒不能加

参攷書 惠氏礼說 江氏周礼疑义举要

孫氏周礼政要

春秋左傳杜解 選诵選讲

二

三 硯堂鈔藏

《中學國文書目》手抄本 一九四七年 上海虹口興亞新村 85%

左氏詳述行事括囊大典前代史志暗昧至是始明微其
詞淳備牽附公羊動成違戾故後代以杜解為正本非蔑
古　參攷書　杜氏春秋釋例　顧氏春秋大事表
右經部唐時以九經並列宋以來合論語孝經爾正孟
子則有十三今祇列書詩周禮春秋左氏者以為經本
古史之流法制莫備於周禮而儀禮之記其細也三古
大事略具於尚書東周以上詩亦以韻文補之春秋大
事莫備於左氏而公羊穀梁不具也若論語孝經孟子
則諸生夫已誦習不煩重舉周易則又旨淵深不可猝
解爾正則與說文廣韻同編故此祇取四經為主觀其

淮陰范氏

《中學國文書目》手抄本　一九四七年　上海虹口興亞新村　85%

吾鄉張性符先生生當明末文彩風流照耀天下一時勝侶咸與納交而亭林年少尤稱雅篤中歲而後鴻翔豹隱樊棄舊交謝絕酬酢倘非素心鮮能躋攀清風高致儔不仰企乃身歿未幾遺集漸湮雖竹垞漁洋盛意表章於先生之詩亦廑窺片羽文更無得而稱山夫儉卿生同里閈亦謂未見其全則此集之難得可知矣頃避亂家居偶經行衢巷見冷灘中雜置殘書有先生符山堂詩為之喜躍不意烽火餘生

《符山堂詩》初刻本殘本跋　一九三九年二月　淮陰水渡口　85%

得此快意亦足以謝吳丁諸公矣此本刻於崇禎辛巳楷法精好令人愛玩卷首有先生小象儼然見清逸之氣卷尾皆有弨等題名豈力臣所手寫耶雖七絕俄空固仍與音學五書同為埶林之珍品吾鄉文獻零落殲盡前輩稍稍搜求旋就衰歇近來惟徐庶文發願刊刻廑成數種張須公與吾同好而此又其家先集也錄成當示之共相欣賞惜庶文滯迹邗上未知何日方能披簡同快耳二十八年二月二十五

《符山堂詩》初刻本殘本跋　一九三九年二月　淮陰水渡口　85%

日范耕研記於槐陰老屋

十年前購得此集別抄一冊因撰此跋今轉歸於此倭子既退戰事方張余流離海上未知所底須公移家京口亦無好懷而庶老[redacted]已尚存數年矣理此殘帙為之泫然三十七年一月記

抗戰八年余奔走於外藏書萬卷幾付劫灰中遭尤語鬼瞰於室其間還藏珍度皆先室萬松生君及次女珊祺任其勞累心力瘁矣勝利雖至戰禍不息先

《符山堂詩》初刻本殘本跋　一九四八年一月　淮陰水渡口 85%

室憂危致疾奄忽逝世余攜兒女由揚而滬未及兩歲而祺又遽卒哀哉斯集裝成賦詩誌感用山陽段翁符山堂圖詩韵荷須公耐寒屬和慰我幽寂意何厚也並錄於後三十七年四月記

竹窗孤負影千个賴有遺編供清課符山一去三百年欲繼風流傷老大卷中爽爽清臞姿想見掀髯客盈座早歲脩文避海桑先生卒年殆未滿四十一瞑不更家國破先生之卒在崇禎十四年咸豐清河縣志以先生為明代遺民者誤也段翁山

《符山堂詩》初刻本殘本跋　一九四八年四月　淮陰水渡口 85%

陽續志遺詩百首[redacted]兒工書集中目百九十首今實存
已辨之百又十餘首皆由力臣手
寫付歷劫歸吾宜可賀此冊不知邑中何家所藏亂
刊中散出為吾所得前聞十又
錢研齋中亦有此劇憐時事近啟禎逃寇妻孥誰翼
集今不知存否
二十八年春清江淪陷余奉母奔鹽城之宋村
佐先室攜兒女避居仁慈醫院承書寄僧兒照拂長
淮襲亂數往來一室悽愴寡酬和餘生歷碌臏須眉
江海棲遲困愁饑方切哀思客裏深先室以三十五
年春卒於水渡
口老更傷短景夢中過去冬歲杪祺病卒於上海虹
宅口其美路新亞新村年二十
七此集曾勞親手藏匪惟孤本矜奇貨詩情幽峭近

《符山堂詩》初刻本殘本跋　一九四八年四月　淮陰水渡口 85%

鍾譚異代猶諷真無奈手抄別冊寄欽遲亦以私懷溢哀些子遺猶欲傳子孫什襲莫教塵土涴須公作

冷齋一椽當右個飽飯甘眠充畫課院閉不知青春深墻高豈識山城大偶翻郡乘詠三賢景行使我正襟坐卻憐洪水耗南東不少清門尋井破符山年輩似田何三賢才比梁丘賀出入塗泥公得之況有曹隗作參佐拊掌已動井窗塵廿九年得手書即以授孤本歸兄爲幸事

《符山堂詩》初刻本殘本跋 一九四八年四月 淮陰水渡口 85%

腸敢作椿花和自古聖賢 天不憐丘軻顛躓伯夷餓
君家仲女溫文姿曇花促景芳菲過五噫久傷琴絕
弦十口猶煩硯生貧放眼乾坤更驛騷我輩孤危竟
何李珍重斯編慰獨遊把簡如吟屈生些極目祇恨
雲龍低南冠那惜塵沙浣

耐寒作

離亂朋儕存幾个伊誰更理間中課石湖獨紹舊家
風文獻攟遺識遠大吾鄉老輩推符山一語吟成輒

《符山堂詩》初刻本殘本跋 一九四八年四月 淮陰水渡口 85%

驚座展卷低徊復咨嗟幽懷惓惓籥龤破數離劫大
依經營幸矣此編當致賀懷從洪澤泝江淮謬向戎
軒充秘佐戟門午夜刁斗寒惟與霜鬢索酬和度藏
歲歲付漂零璧海空撈苦飢餓南趨閩嶠北夢城暗
囊流光掠人過每覩牙籤意悅愴萬金一葉真奇貨
蟫魚識字圖稿殘自哂雕龍殊拙奈荊榛敗翠想當
時欲以騷心寄楚些孤本歸君豈偶然青箱珍重莫
輕流

《符山堂詩》初刻本殘本跋　一九四八年四月　淮陰水渡口 85%

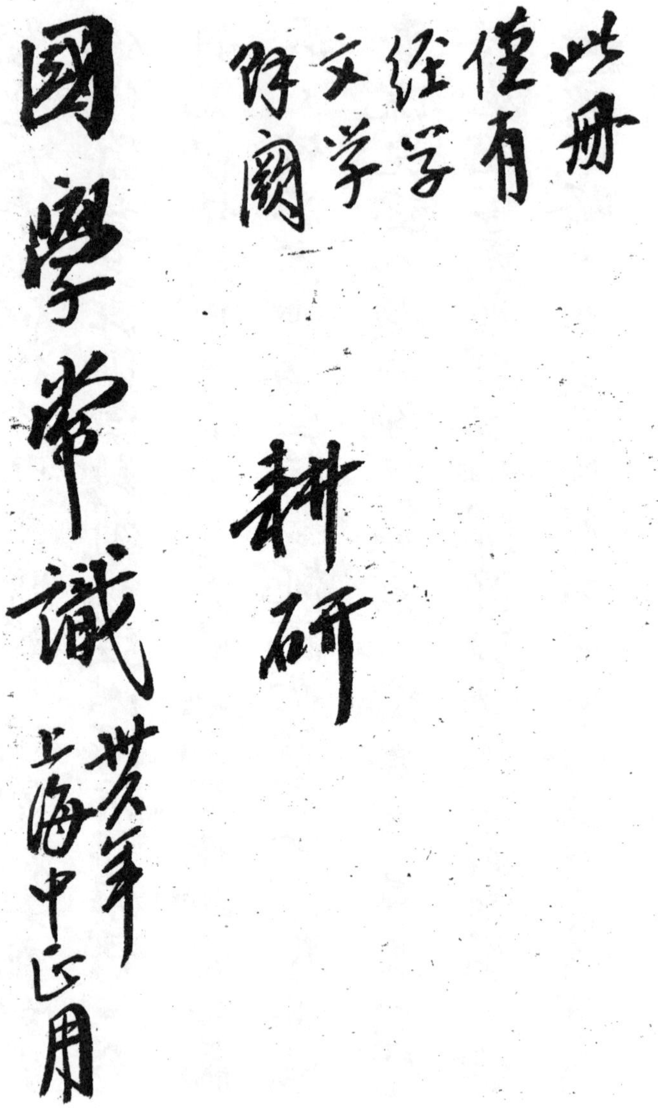
此冊僅有經學文學餘闕

國學常識

耕研

卅六年上海中正用

一九四七年題於中正中學授課之《國學常識講義》上海虹口興亞新村 85%

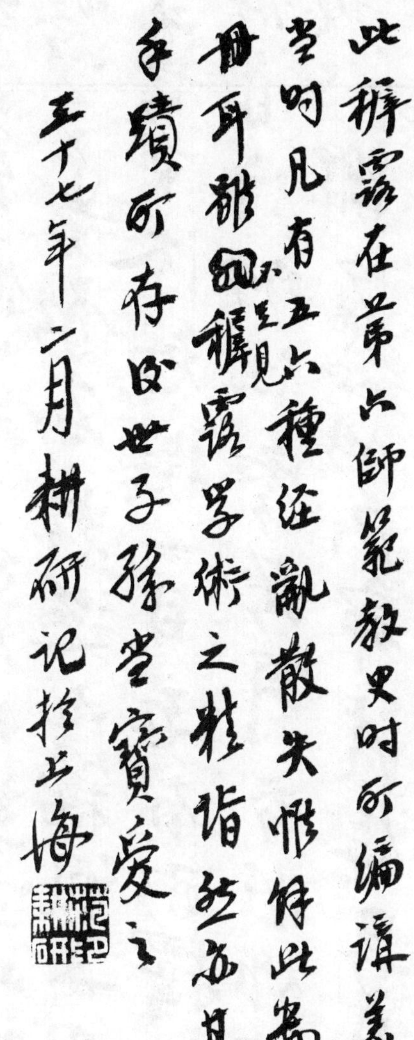

此稱露在弟从師范教史时所編講義学吋凡有五此種徑亂散失帨存此嚴册耳那回觀露学術之糕皆丝並其手蹟所存以世子孫当寶愛之三十七年二月耕研记於上海

一九四八年二月題於三弟希曾所編
《中國史講義》 上海虹口興亞新村 85%

耐寒表兄吟壇：前讀大集，匆已逾月，
耽延為罪。案中雜亂，踪迹頗有。因感
特兄能悼吐，而弟則有懷莫宣，此詩之
所以貴於精選而[illegible]諷再四，
實甚多太勉，擬一日妥有所擇，不
耕自信，聊供參考耳。奉將微一小
號之搬家，心緒不寧，詩候尋日尚
祈諒之。大集十一冊奉繳。此請
吟安　弟耕研頓　四月十日

致邢耐寒表兄函　一九四八年　上海虹口興亞新村　65%

硯雨日記　淮陰隨白子

一九四九年四月日記封面題字　上海虹口興亞新村 65%

硯雨日記　明喬集　淮陰隨白子、

○卅年四月廿四日　昨連日消息紛錯京鎮蘇崑均於昨日相繼易手匪
軍之速殊可驚滬上居民倉皇無以應付獨余鎮靜安然使其恒
化為己寓在虹口為滬地之東北隅已靠郊區實不安度在所難免希望嬗
蛻之際最可慮其處彼中者生之公同組一防護隊以謀安全用意
至善惟恐這班聚集分子私臨時畏縮渙散依然不足以策安全
則又奈何昔自女讀書即喜南華宗已任物是其宗旨今身當
巨變竟不能寧靜以應之實時研究之功安在是豈求然以處之
以太斤斤計較於利害取舍之間哉思之啞然自笑此時心境轉
歸恬淡矣上午與兒女收拾雜物免致凌亂下午又將存米搬
放櫥中適劉慕葵寓來晤慕葵旅來此談亦無善策只好安坐
以待其來余適談設去掃由常來轉居先靶子路女子廿三人
已先我日到滬余即攜子女往訪之迪亦同去余乃赴研究家
時錫公錢時已近暮即返但歸聞砲震一日然互改步郵政即
將於通未免令人這慮原其安心學好人謝遷暮諄諄之余
不覺日漸上日深也晚第與其應以於機事少世居又荒僻也

一九四九年四月二十四日日記　上海虹口興亞新村 65%

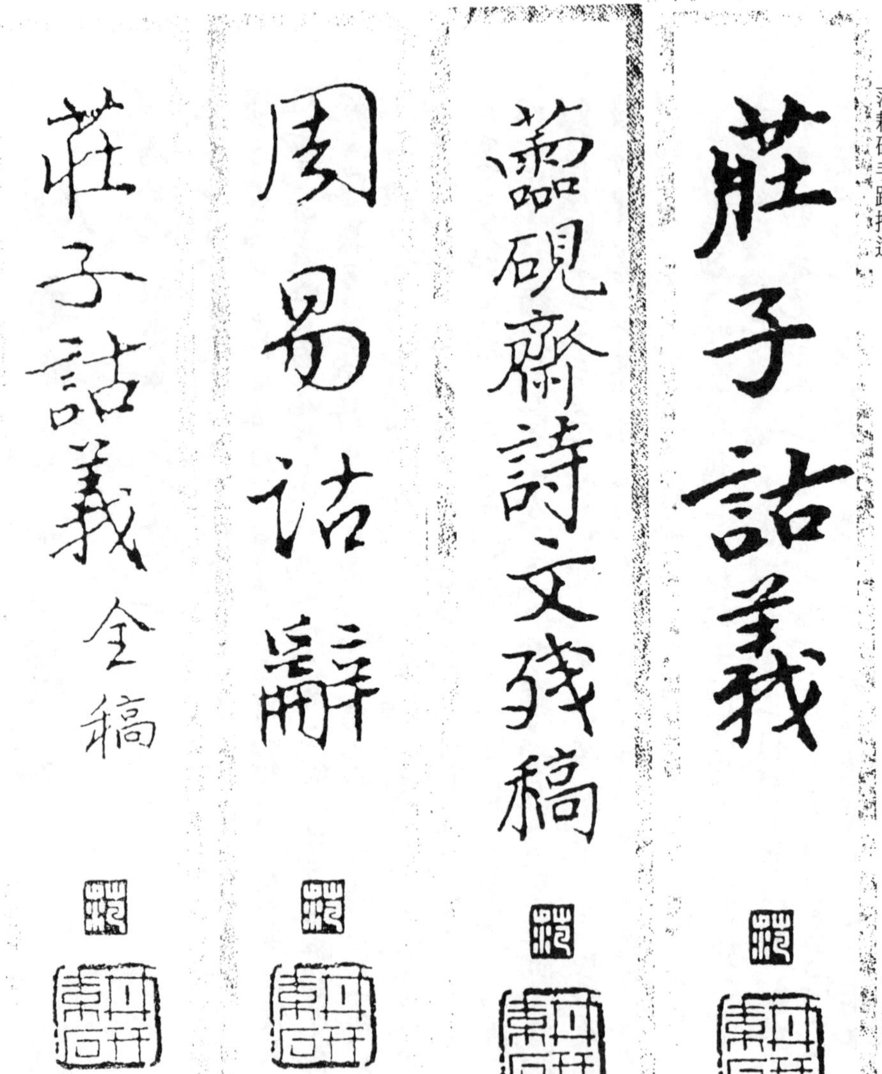

100%

一九九一年　本叢書第四輯封面乃集昔日所書拼湊放大而成

一九九一年　本叢書第五輯封面乃集昔日所書拼湊放大而成

一九九一年　本叢書第九輯封面乃集昔日所書拼湊放大而成

一九九一年　本叢書第十輯封面乃集昔日所書拼湊放大而成

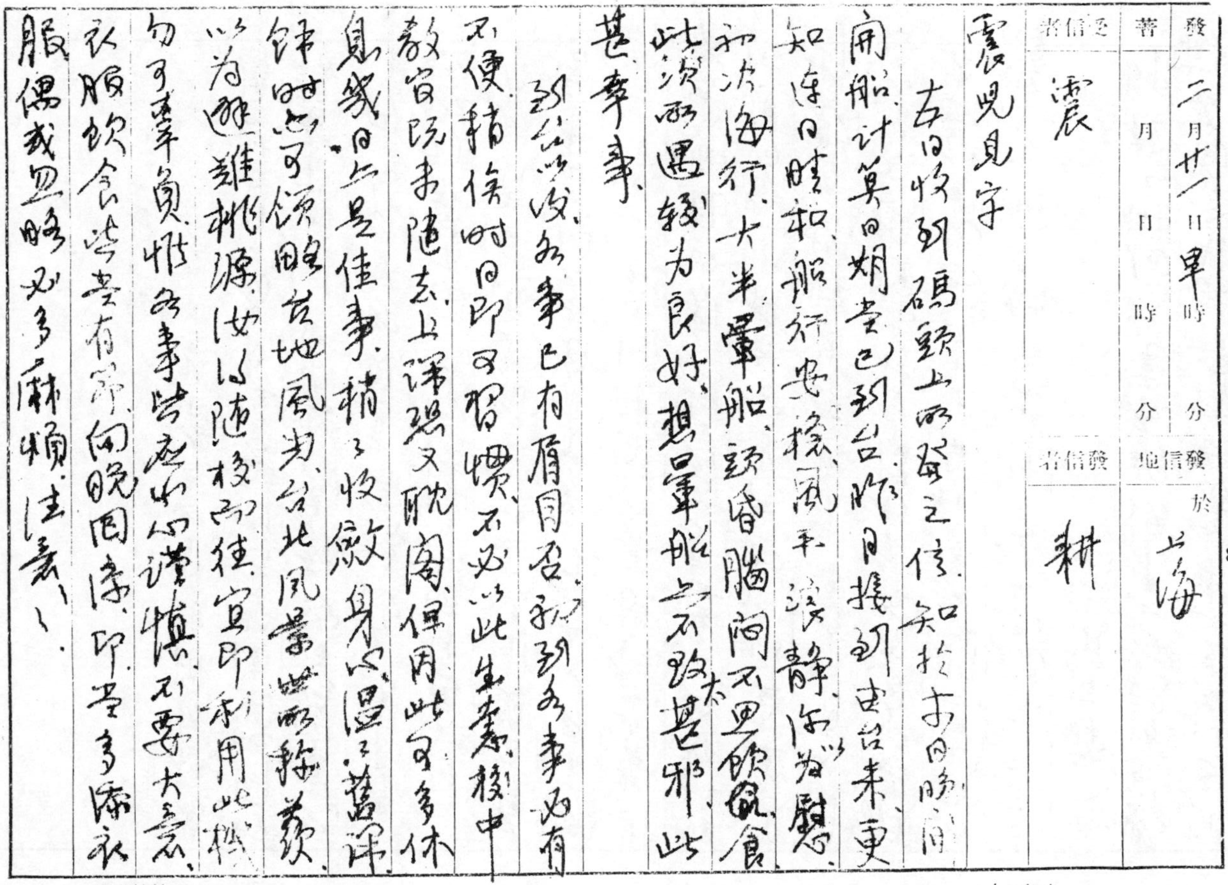

發信者	發信地	發	受信者	著
耕	於上海	二月廿一日早　時　分	震	月　日　時　分

震兒見字

去日收到碼頭上所發之信，知於十日晚間開船，計算日期，當已到台，昨日接到由台來電，知係日晴和，船行安穩，風平浪靜，深以為慰。初次海行，大半暈船，頭昏腦悶，不思飲食，此次所遇較為良好，想暈船亦不致太甚耶，此甚幸事。

到台以後，各事已有眉目否？初到各事必有不便，稍候時日，即可習慣，不必以此生慮。校中教官既未隨去，上課恐又耽閣，但因此可多休息幾日，亦是佳事。稍稍收斂身心，溫溫舊課，歸時亦可領略台地風光，台北風景出所稱羨，以為避難桃源，汝以隨校而往，宜即利用此機，勿可辜負，此各事皆應小心謹慎，不要大意大意，衣服飲食皆要有節，向晚因涼，即早多添衣服，偶感風寒，必多麻煩，注意注意。

一九四九年二月二十一日於上海致長子震(台)函

85%

紀子仙先生來上海，在僑興教書，會面甚歡，
數學大教員日來訪，現在電信局做工程師，
兩人都向訊你，
中西中學現已上課一週，學生數已逾千人，但尚
不及上學期之多，祇開十七班，而先生人數不
減，所以自分學費，形成此理想之多，每
月可有二石多米，起碼生活，總可敷衍
了。暨大亦將開課，當可分些薪水，以為補貼，
此時勉強應世變，不必盡同矣，迪亂兩人亦做
新費七千餘，擬買便宜中間也，免得他們
明日即可上課，寓中自念莫之掛其來後，
甚為起鬧，錢之所以時多浪潑氣象，
以後寓信即用此種信紙，留下裝訂地位，
一年半年之後積得多頁，即可合為一冊，以
免零落，日後翻閱，極有趣味，所有發信
時間地點均要填，則整理自易，月日法用
陽曆，勿用陰曆，以免淆混，

耕　書

一九四九年二月二十一日於上海致長子震(台)函

85%

澂祜同覽：好些时收到你们来信，一直到现在才写回信，因为中间没有什么事情就未写。祜寄来的衣服早收到了，并且早已穿起来了。蕪地到现在还不算冷，户外还未结冰，我穿的衣服增多了，稍走了路就熱的慌，但也不敢换，并且只有厚的，没有薄的，明年春天总要做一套薄棉袄裤才行。哩学校里我的课已停了，每天看书编讲义，又很为清闲，不像以前天天要上课。你们工作比以前忙，我却闲的很，但蕪地中小学也很忙。这些日子小孩们怎么样，小四小五在家請人照顾，有没有影响大孩子们？也好吗？昨天是礼拜，教员学生五六百人下乡访问一个农业合作社，规模很大，有一千几百户组织起来的，生产比以前提高了些，农民收入也比旧日多了。这个村子里并且有个澡堂，每周有一天是女人洗，似乎是进步的很了。但未看见学校，现在冬学也未办，所以还不算符合理想。这个村子离我们学校十多里路，坐了一截汽车又走了一段路，来回尚不累。在上海还未看见过这种合作社呢。下次再写罢。

耕　十二月廿六日

一九五五年　於蕪湖致上海長女珊祜函　65%

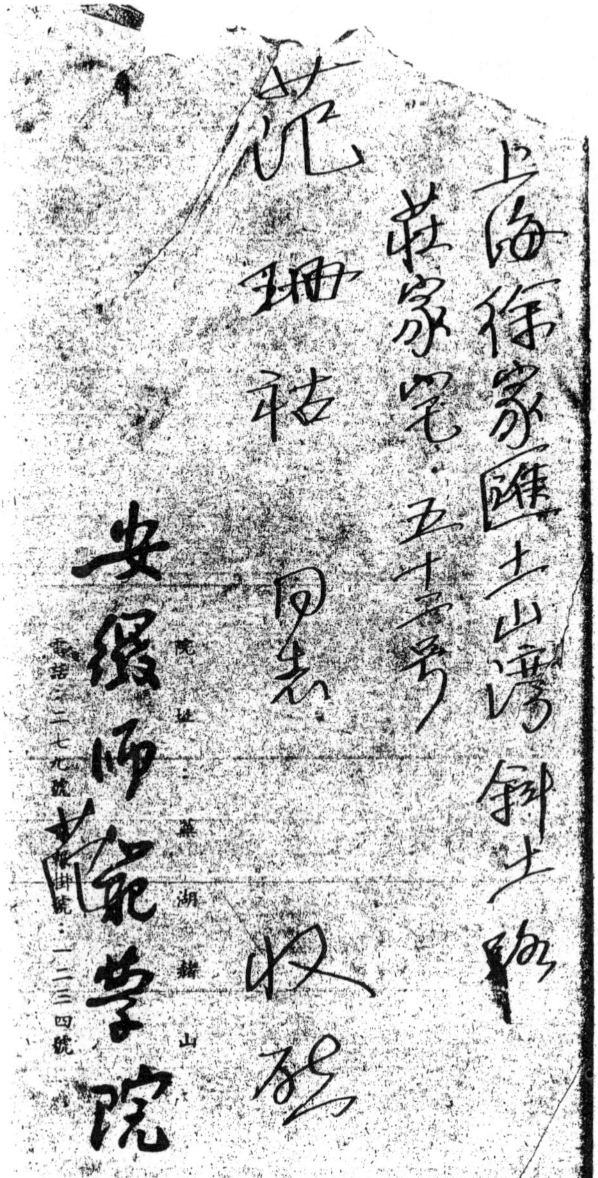
上海徐家匯土山灣斜土路
莊家宅·五十二号
范珊祜 同志 收啟
院址：蕪湖赭山
安徽師範學院
電話二一七九號 電報掛號：一二三四號

一九五五年　於蕪湖致上海長女珊祜信封　85%

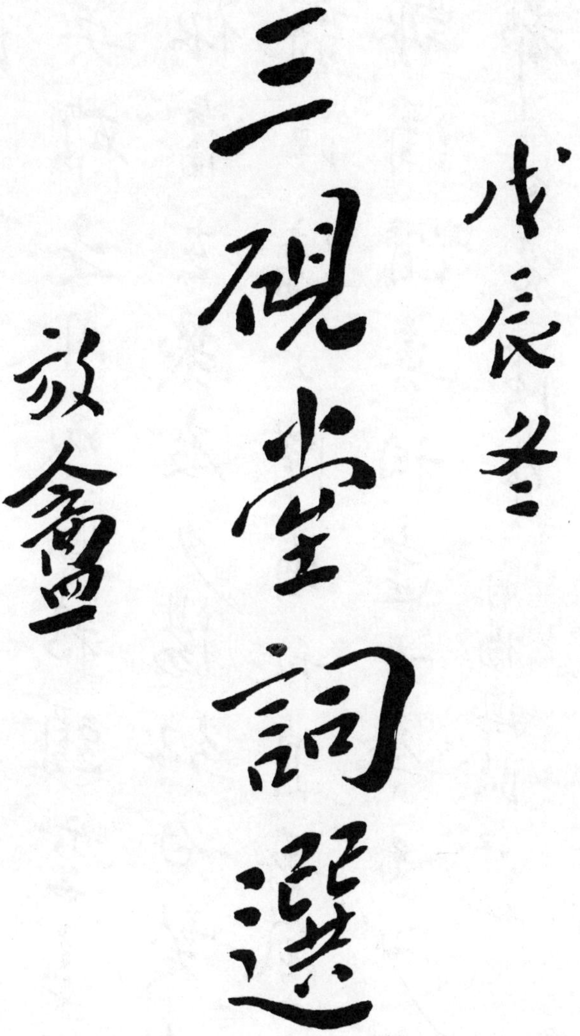

一九二一年凌放盦先生題於《三硯堂詞選》手抄本扉頁 100%

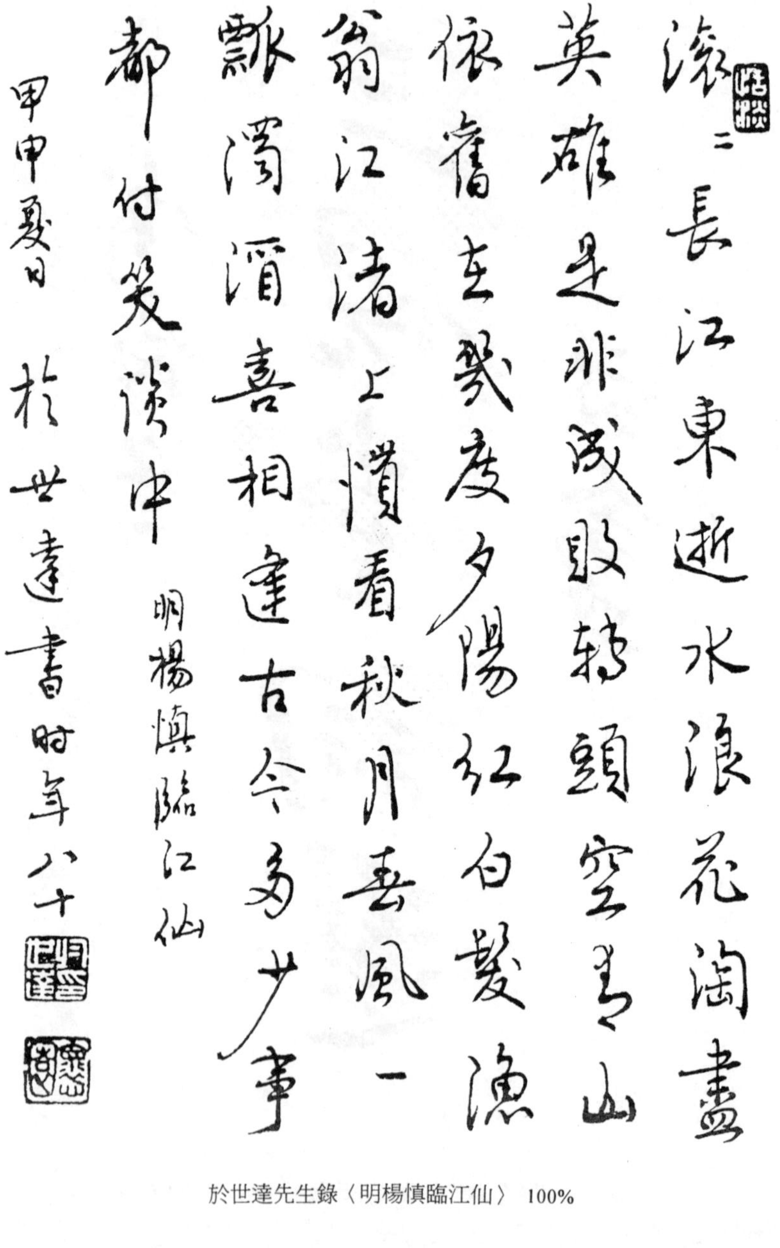
滾滾長江東逝水浪花淘盡
英雄是非成敗轉頭空青山
依舊在幾度夕陽紅白髮漁
翁江渚上慣看秋月春風一
壺濁酒喜相逢古今多少事
都付笑談中
明楊慎臨江仙
甲申夏日於世達書時年八十

於世達先生錄〈明楊慎臨江仙〉 100%

翰墨先榮

賀花耕研先生手績刊印

晚華王庚昆

於美國

一九一

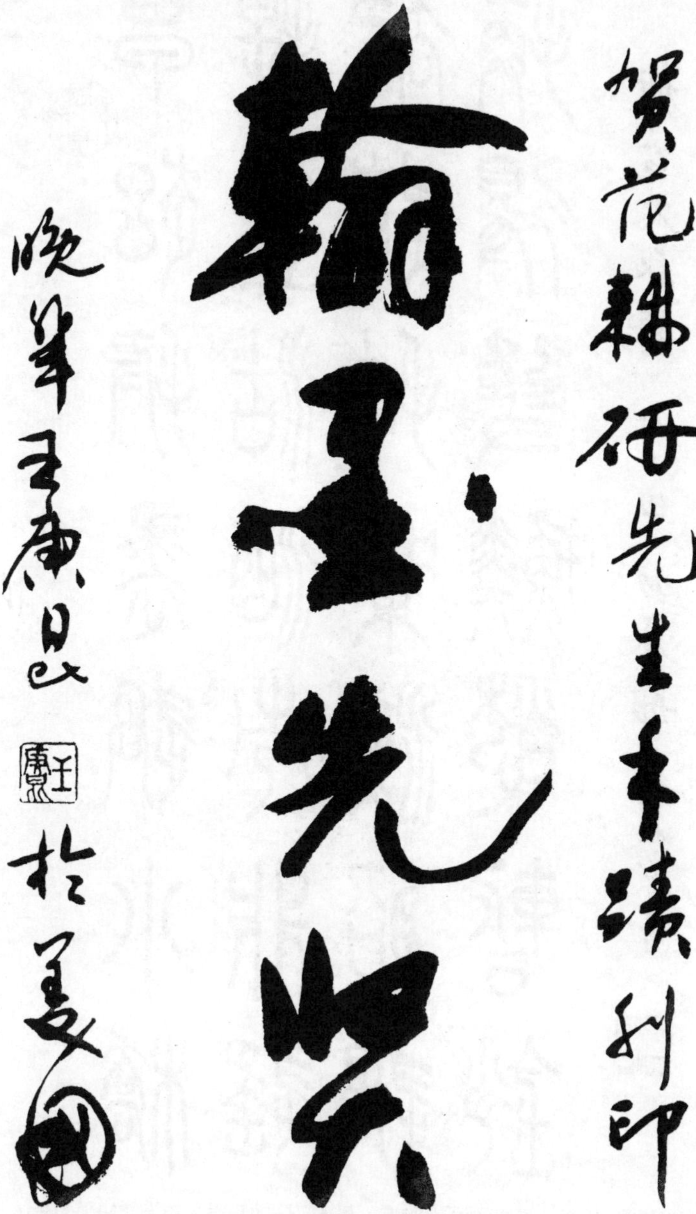

王庚昆先生題詞　58%

早起披裘過小橋
提壺沽酒市非遙
却逢打槳漁船過
換得雙鱗愁暫銷
耕古大叔詩　甲申初春邢祖援敬書

「 早起披裘過小橋，提壺沽酒市非遙。却逢打槳漁船過，換得雙鱗愁暫銷。」
邢祖援先生錄本叢書第五輯《蠹硯齋詩文殘稿》第一五頁詩〈村居〉34%

「太湖萬頃似江南，點點烟村秋影涵。打槳幾番衝碧浪，錦鱗曾記向漁庵。」
邢祖援先生錄本叢書第五輯《藹硯齋詩文殘稿》第九九頁詩〈大縱湖〉 34%

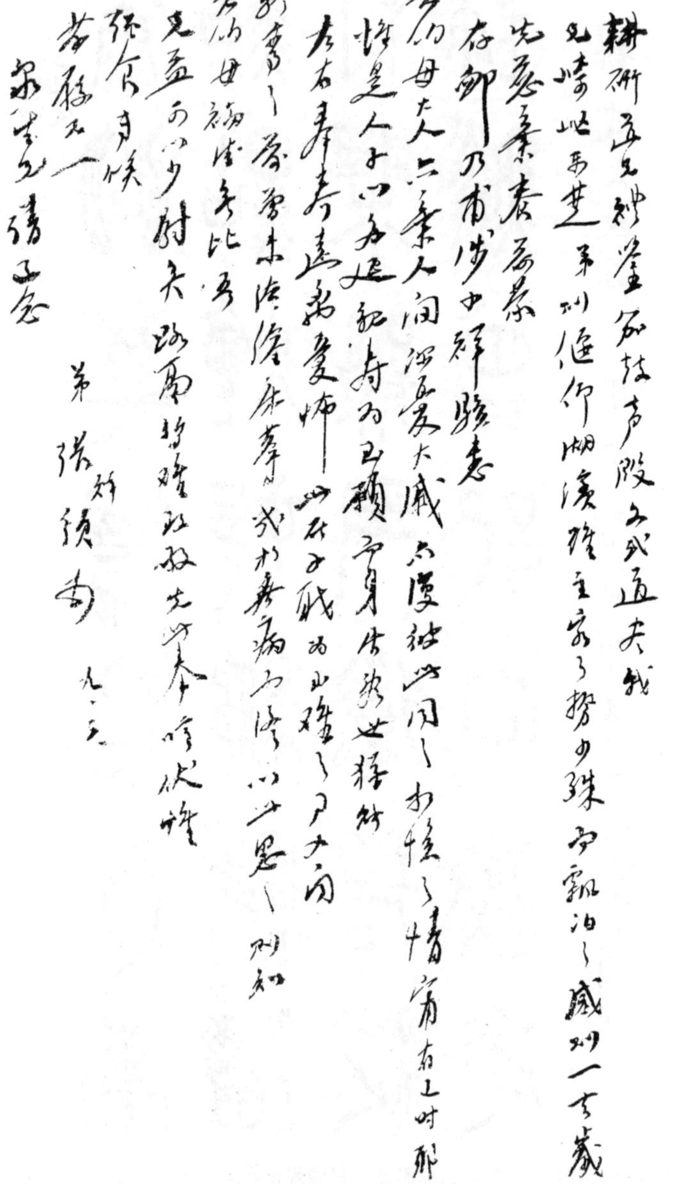
耕研道兄[illegible]
[illegible]
先慈棄養[illegible]
[illegible]
尊府母夫人[illegible]
[illegible]
左右[illegible]
[illegible]
尊府母[illegible]
[illegible]
[illegible]
[illegible]
[illegible]

弟 張煦 頓首 九.六

一九四二年張煦侯先生函 60%

一九四二年張煦侯先生信封　100%

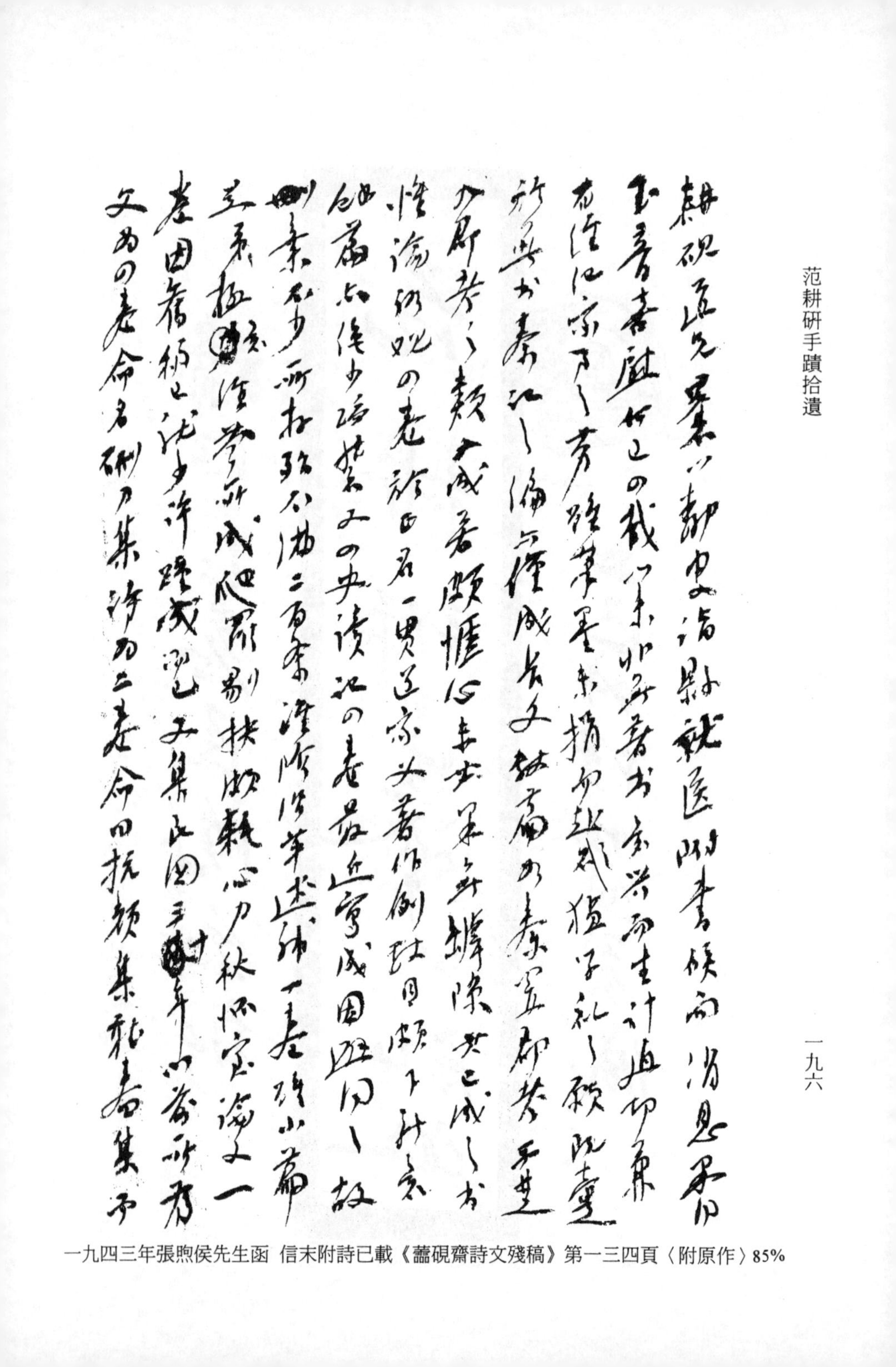

一九四三年張煦侯先生函　信末附詩已載《藎硯齋詩文殘稿》第一三四頁〈附原作〉85%

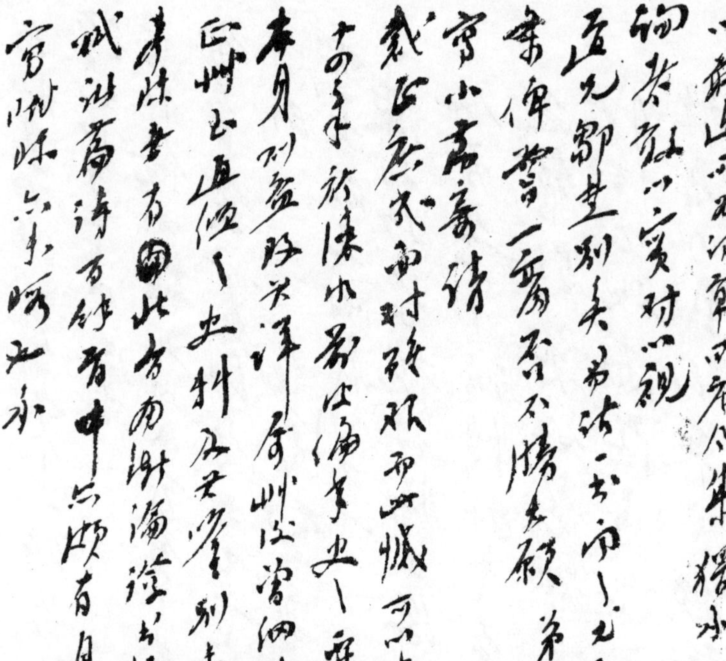

一九四三年張煦侯先生函 信末附詩已載《藷硯齋詩文殘稿》第一三四頁〈附原作〉85%

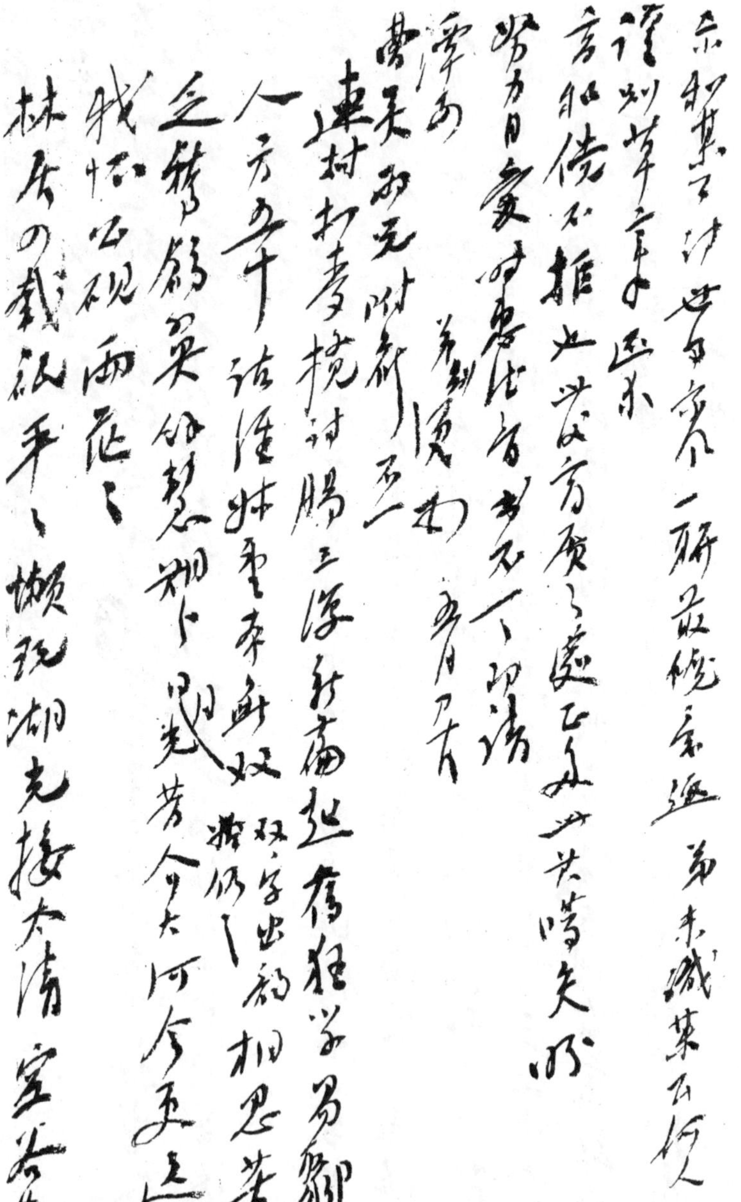

一九四三年張煦侯先生函　信末附詩已載《藕硯齋詩文殘稿》第一三四頁〈附原作〉85%

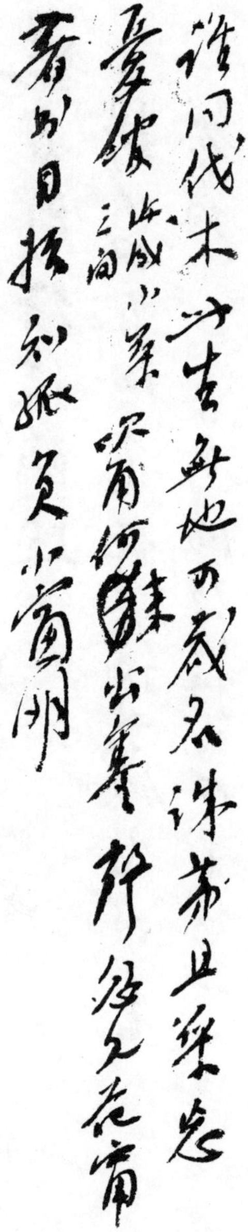

一九四三年張煦侯先生函 信末附詩已載《蘦硯齋詩文殘稿》第一三四頁〈附原作〉

85%

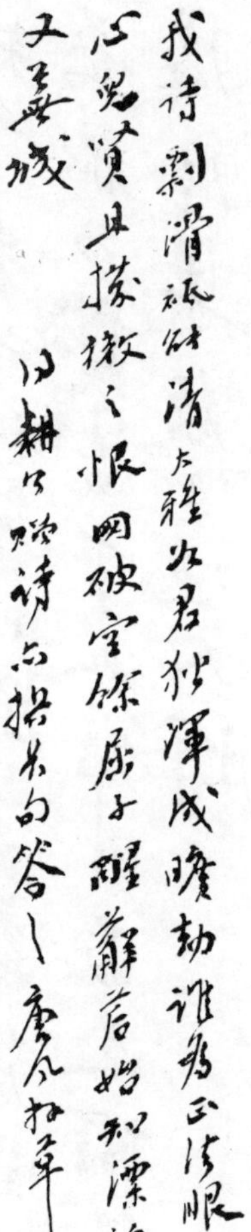

一九四六年張煦侯先生和詩已載《蘦硯齋詩文殘稿》第一五零六〈承須公和章〉

69%

還鄉未得且遊吳閒放真成范大夫明月極
知千里共秋風頓感一城無園田自合求三
益狐白從來重五都最是櫺移歌嘯
處屋梁顏色使人臞
箋中浩蕩未全攄留與霜鍾人日夕披敘坐
文潛堪接武偶從明遠一茸傳江間波浪兜
同賞海上笙歌弟久違楚璧依為天下寶
送君那得惜臨歧
耕研仁兄有海上之行詩以餞之 即呈
粲政
弟張煦拜草

一九四六年由揚遷滬張煦侯先生送別詩 69%

耕硏大兄

手書已接到旬日以上祗以作札不便延閣至今弟之罪也
天罰宗儒務使深重病榻上種種身心兩界大不可堪之
痛苦弟於腰去一年四分之一猶不能脫然便為常人現在賴
扁大夫之力僅能下床小坐不到半小時便又急急上床偃臥不
然便覺腫痠難耐來鎮一月除寒熱可治炎腫可消惟此
左腰以下以至左腿之痠痛迄未能止據扁大夫言此患不足慮
可漸次痊可弟殊未敢以為信也

新詩快誦一過可謂寄慨遙深寒梅鳥相一聯弟尤擊節弟
此番在蘇度歲因山妻於臘月初挈來視疾小兒本在此未
回故一房三口恰聚此間家弟於送灶前遣家人北歸身留
張師藉為病兄照顧雜事歲除之夕風雨作於簷際歌嘯
起於燈前旅中景若得此全消而親友當此者或多犧牲
或稱祿米人情之厚亦足減殺年歲之憂弟偃臥其間若因
境遇頗而樂之憂亦有小詩一律並錄之紙尾或者可發
高年之一噱也

兄在滬接書暫時未作歸計并因兒女皆讀書絕地之故

一九四七年張煦侯先生函(原係鉛筆所書已模糊經以鋼筆重描)　85%

不然則可擯篪競奏於琴硎舊世矣弟嘗為兄致慶及之
故朋輩見向弟諮詢以來此間返揚州擧兄重行執教
兄之拒卻有由然矣竊思在滬偉人之資亦未始能如何
賺足農研又此去後急更覓無可道段而徐論容深為
吾友惜之

弟自抱病以來功課皆由同人無償代授歲次丁亥弟曾先
期堅請辭職局初執意不令弟歸謂新春必可即癒自有
補苴之法昨又見存謂擬略減課務以國主任一席為休息
之資意誠甚厚而為我隨時增此牽枝故尚未即允然
實近來病勢減退情形大約兩星期後可起床或者尚
可略早再休養兩星期当可上堂說鬼話也

小詩一首附呈指政

卧殘江臘見微春　病骨今宵若有神
任教瘦妻共灯燭　忽歸小弟破吟呻
爭輸偉米何須乞　大嚼蒸豚豈似貪
一事更欣寒際雨　滑之不作戰場声

餘事續布謹請旅安　弟張煦枕上書　一月二日

鎮江中山路三六〇號

一九四七年張煦侯先生函(原係鉛筆所書已模糊經以鋼筆重描)　85%

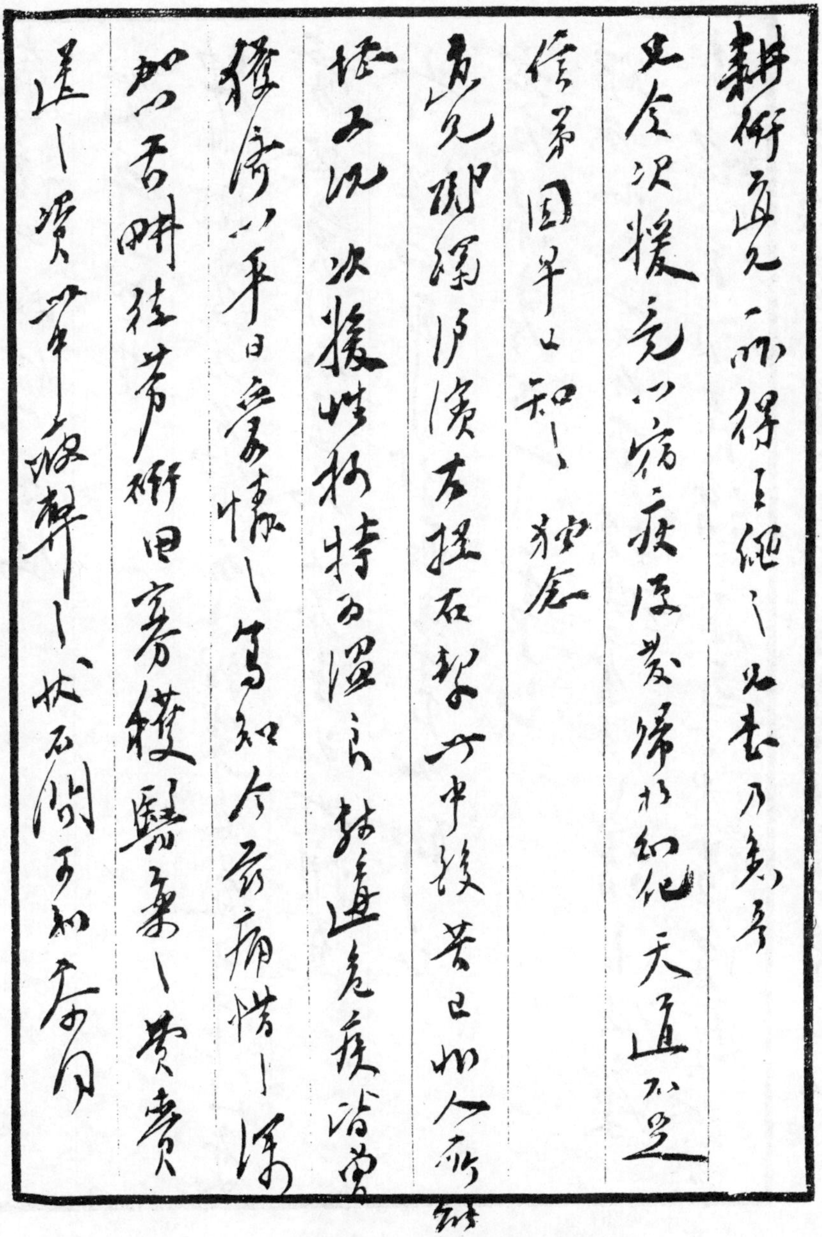

一九四八年張煦侯先生函 80%

集該詩何以未然
故人手切望
館日排遣為藏，日看鈔寫筆記，逾五十以後
處必資於所宜，人生本來無所有
以浮納耳。附匯五十萬元，聊充
老友耕壽方一二費也
明晴收為本年下限回二家弟之請來信處
年頃以來，諸事請
康安　弟張煦侯頓首　二十九
寄淮安府居東門大街英先生　巷十四號　又函

一九四八年張煦侯先生函 80%

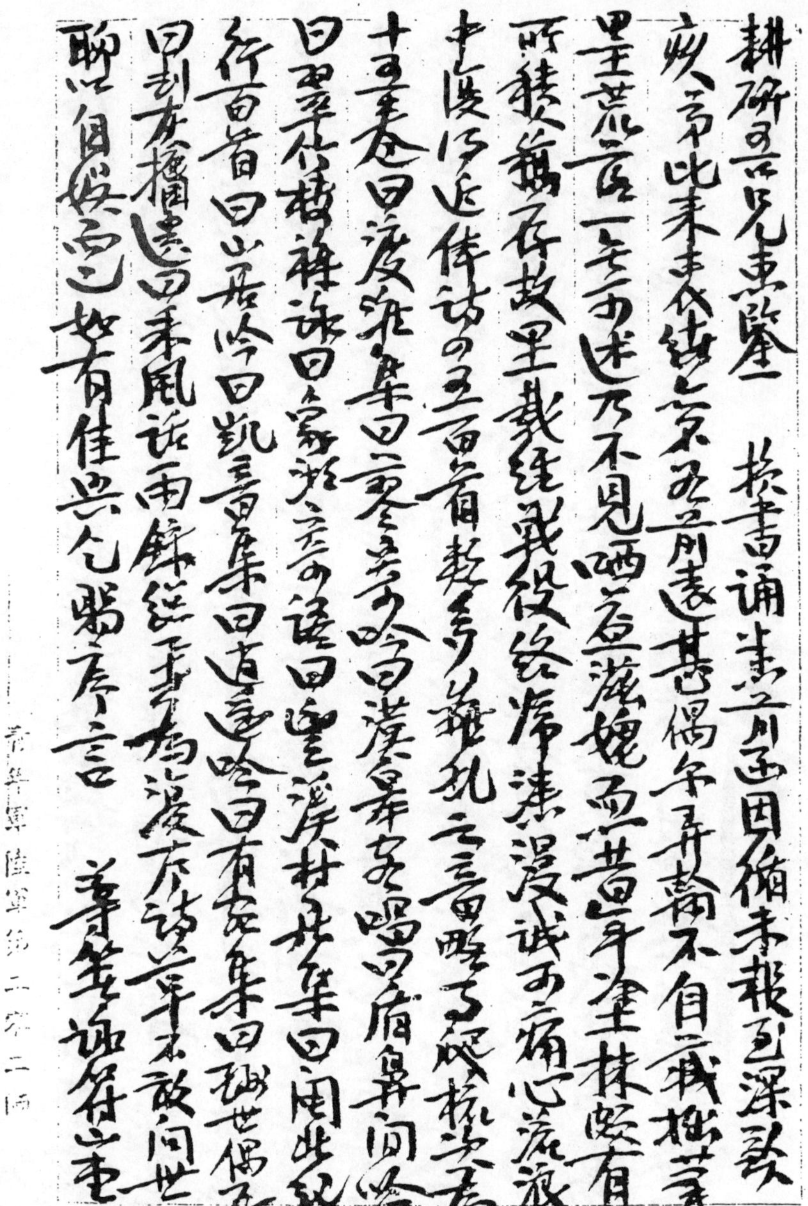

一九四八年邢耐寒先生函　76%

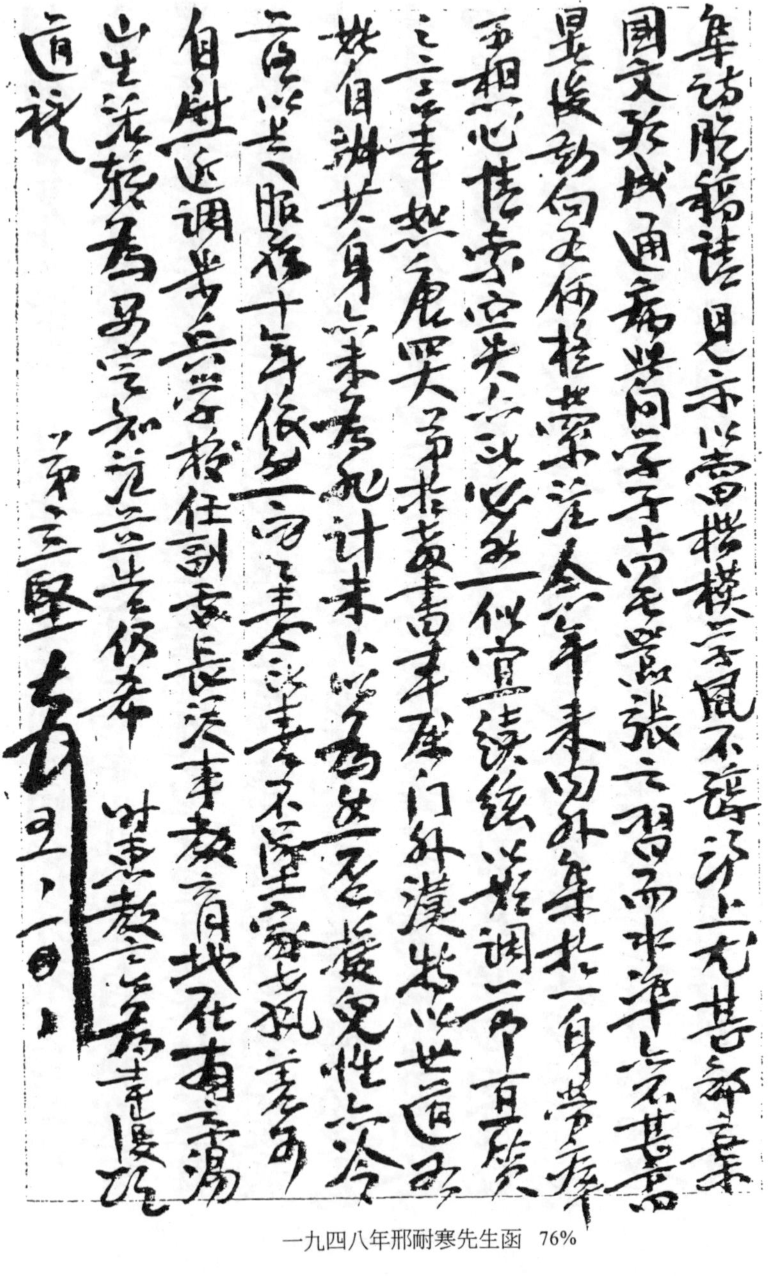

年誌脫稿諸見示以當樓樸學風不能語上尤甚欽羨
國文孫成通論習同學子十四年鼎張之習而求準上不甚善
是後動向無俗怪學注今年來內外集於一身常存
無相無心情索寞矣亦茫茫然一似宜無續緒茫茫調一節百感
之三年未能罷人事非易書目年底門外漫然以世道而
然自謂其身以來為利計未以為然遂長見性之冷
言以其人服務十年依然一方之主不知樸學之孤差可
自慰近調步兵學校任副校長決意教育地在南京湯
山生活較為安定知注兄近況仍希 時惠教言為幸堅堪
道祺
小弟三堅 五．一四．

一九四八年邢耐寒先生函　76%

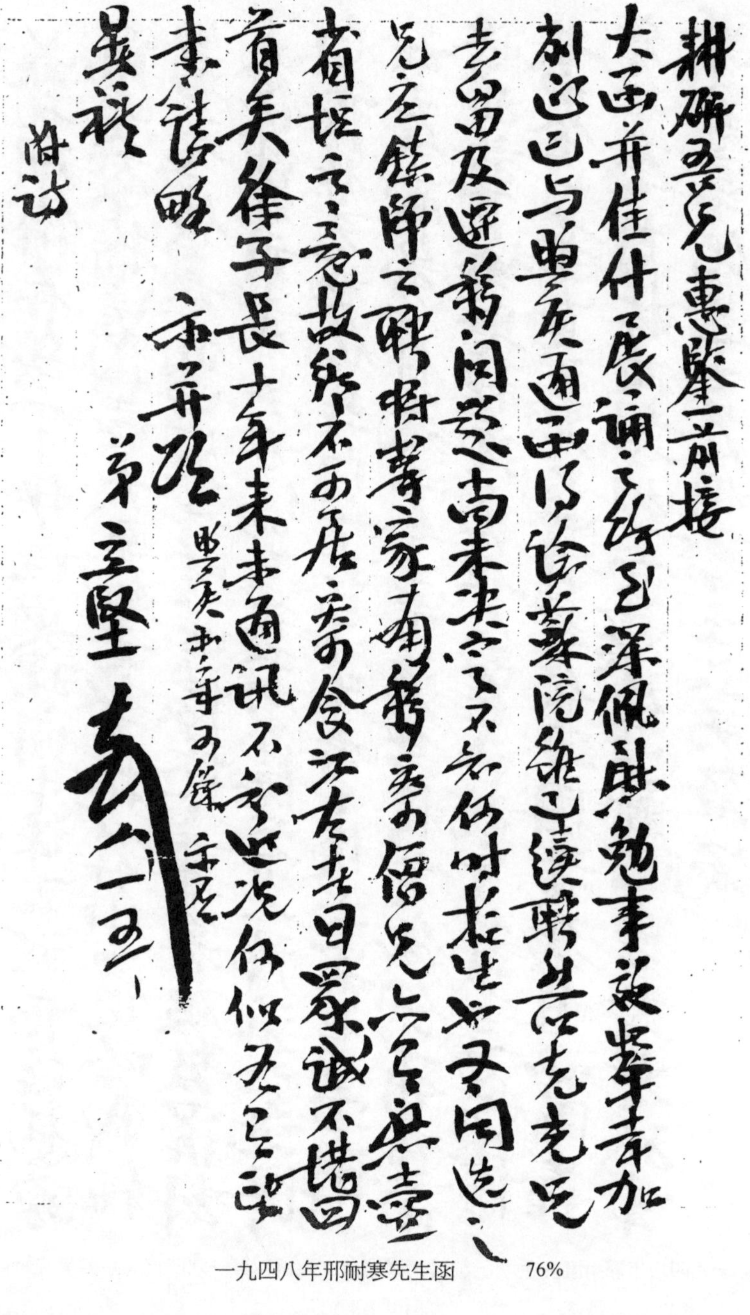

一九四八年邢耐寒先生函　76%

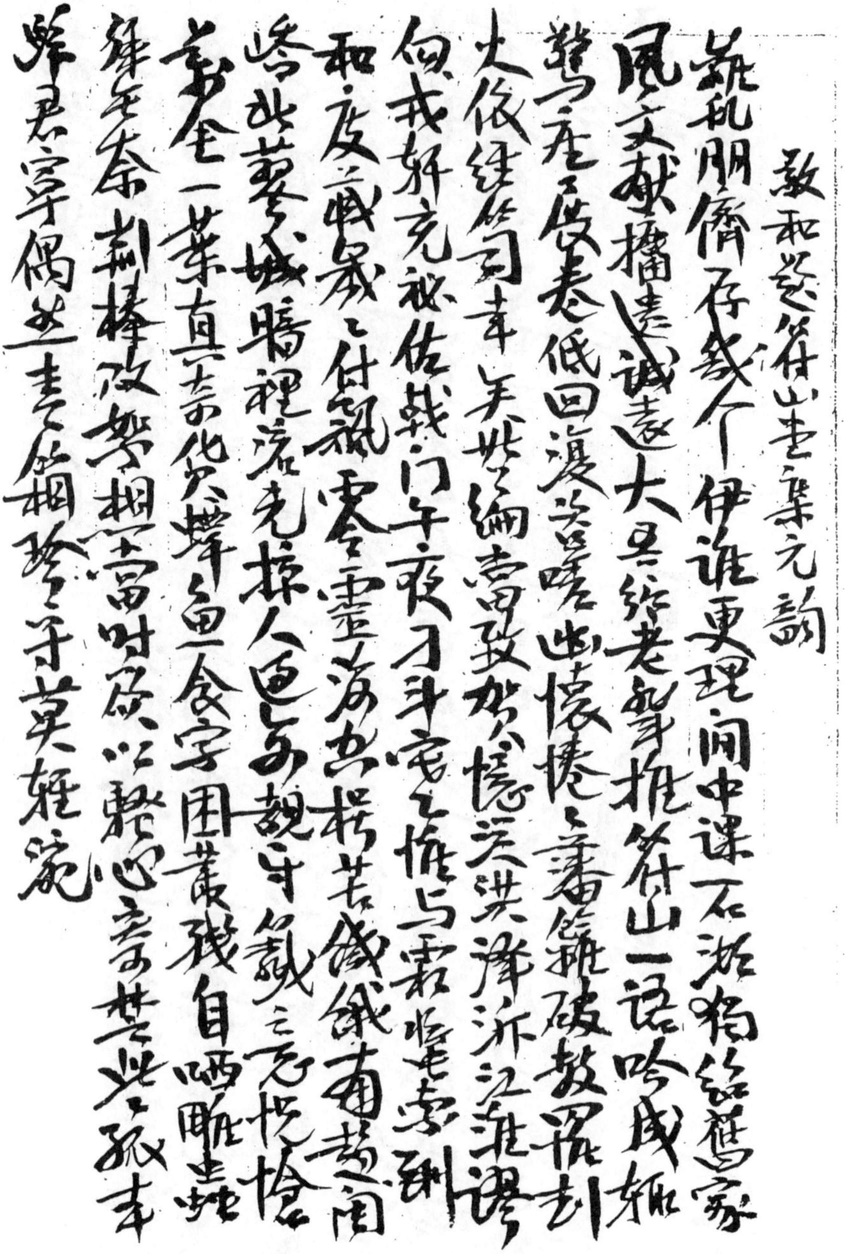

一九四八年邢耐寒先生函已載《藎硯齋詩文殘稿》第一六四頁〈耐寒表兄和詩〉76%

耕雨吾兄大鑒：久未獲訊，良因寂哉。比中多一辭紛
擾為甚，不復溫函詢問，曾寄兄函並呈知
兄早歲移已南來，仍慶頗下懷。
惠書並知一一，弟於去年傳來多作，自審氣力
不充，今頗為彀，常年頗不相似，仍不見酒十年矣。
三嫂身世本極可憐，今之竟旅之為與將宿不禁愴
歎之。
兄近來以亂離多悒悒，然未完全謀其少少務宜
至其自謀生計，事遠觀，更能傷人，可達九
兄十當過早年，略弟流浪十年，日要認[illegible]矣之境

一九四八年邢耐寒先生函　76%

一家分散掙扎於烽鏑饑寒之中 弟雖任克服
終於戰勝環境耶
兄弟勿自苦過去事不必想亦不可追總有溫
煖之日未卜以為然否以後希
常惠教言之[illegible]
近祺
小弟邢耐寒 十月九日
有暇能來上虞一遊藉敘舊洵當掃榻以待

一九四八年邢耐寒先生函　76%

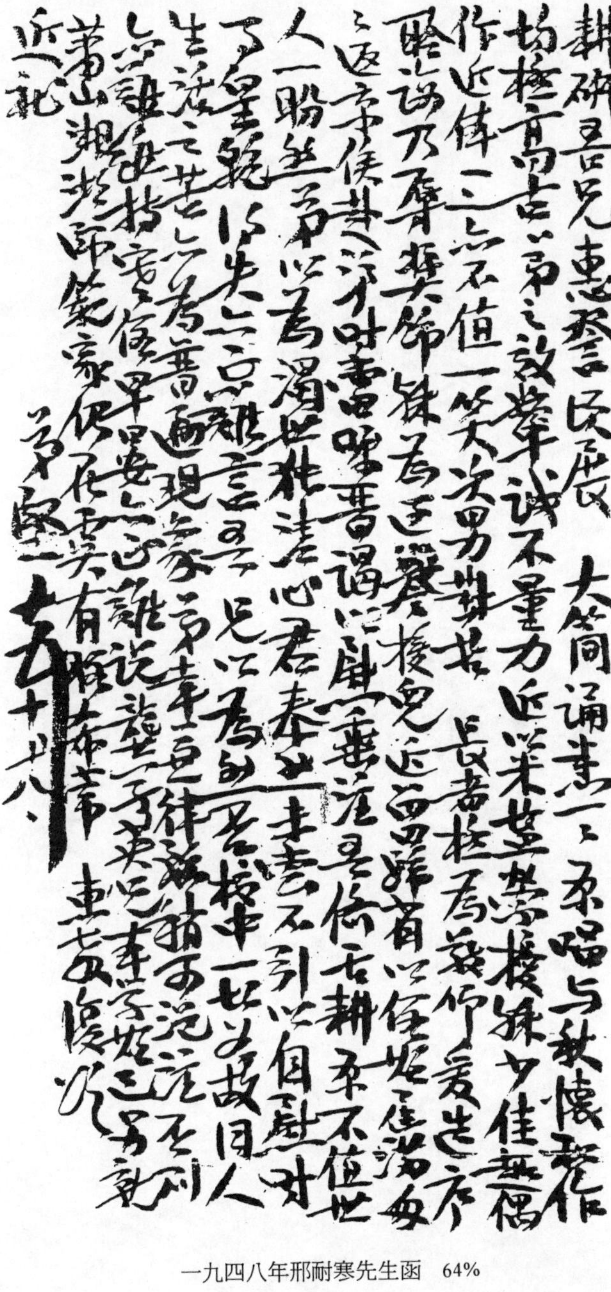

一九四八年邢耐寒先生函　64%

後記

大陸台灣兩岸開放後，從大姊珊祜及二弟滋處攜來先父耕研公藏書及手抄本中，多有先父題字。手抄本雖多信手寫來，亦有全篇工整者，尤以於民國八年至十九年間與先曾祖及二、三叔互通之信函內，得窺先父書法之美妙，實有輯印留存之價值。

憶及小學五年級時隨父移居揚州，始知先父善書篆字，遇親友託書，則立於先父對面拉紙。震魯鈍，輒不知先父亦精於正楷及行草，偶並涉及甲骨、鐘鼎及隸書，蓋先父幼時習字之基礎深厚也。今讀所藏部分典籍，見他人文字每潦草難識，而先父所寫則無一筆拖泥帶水。始悟先父過去所常耳提面命一再告誡之語：『寫出文字，若不求美，亦應使讀者能認出為何字。』昔時文人多甚謙虛，絕少自我標榜，書法家亦鮮有專為留傳後世之作。先父既非書法大家，更不至存此一念。然所書確令人讚賞，於保存之信函、著作手稿、讀書隨筆中，每見其書體多所變化，劫後殘存不多，特選部分付梓。惟此輯係震所妄自揀選，當非先父始料所及，實未足以窺先父書法之成就於萬一也。

我國連年戰亂，珍藏文物被毀於兵燹者時有所聞。先父遺稿既因避難散佚，僅從殘存遺物中得此區區百餘幀，故不計毀譽以為子孫之紀念留存。惜如此則又恐有違先父「輯刻前人文字，應有兩本。一求其備，不妨瑕瑜互見，一求其精，必須多所割愛。」之觀念。但震對判別瑕瑜之能力不足，此輯僅以能保存先父手蹟為已足是為「瑕瑜互見」，敬請識者不吝賜教，日後得以去蕪存菁，則吾范家子孫馨香祝禱也。

先父文名遠播，常有友人善意譽震曰：『家學淵源』，聞後輒感汗顏不安。而書法更是未窺門徑，僅於高中時為戰爭所迫停學之數月間，先父囑習臨《王羲之蘭亭集序》，雖曾獲教「首應注意環境與心情，即：空氣流暢、光線充足、桌椅高低適宜、甚至燃香一柱、心平氣和毫無雜念之下專注臨帖。」當時確有進步，惜為時短暫未見其功！今已八一老朽，於劫後得讀遺文，始瞭解先父於曾祖晁公教導下勤習書法而得之基礎深且厚也。但並未見一紙為有意留與後世子孫之遺墨，戰後雖曾有為子女各書一立軸以為紀念之議，惜未能如願。現僅以題於封面之篆書、手抄本之正楷與書信中之行草，彙集編成此輯，是為《藕硯齋叢書》之十四。

先父對所謂之「琴棋書畫」雖未樣樣精通，多少均曾涉及矣。琴棋部分與此手蹟無關，暫不論述。書法由本輯之手蹟可見，而繪畫則於所刊「文孝先生像」可知，雖係臨摹於《符山堂詩》初刻本之殘本，若無繪畫之基本工夫者，諒難有此維妙維肖之佳作。又如「鹽城地理圖」及其邊緣之線條，有幾人能輕易畫出？於《符山堂詩》〈宋序〉部分中所補缺頁之字，更是難辨真偽。又於附錄中煦侯先生一九四七年二月二日之信，係病後隨手以鉛筆所寫，已模糊不清，先父用鋼筆重描，若不細看，亦難分辨，殆猶仿造古文物字畫者，如無書法或繪畫之高度水準，焉能騙過行家法眼？是則想見其書畫之功力也。

於眾多手抄本中，當時可能對於《三硯堂詞選》最為珍愛，曾煩請同里摯友書家凌放盦先生專題於扉頁，則為附錄。震生也晚，無緣熟知放盦先生於吾鄉善書之口碑，然戰前已膾炙人口之《淮陰風土記》亦由先生題寫書名，是其書法之美譽久享於鄉里也。張煦侯先生（諱須）與先父同里、同習文史、同任教於揚州中學多年、解放後又同事於安徽師院直至中風退休，其交甚篤。耐寒公邢表伯（諱立堅）與先父乃姨表兄弟，幼時同受教於先曾祖晃公，與煦侯先生則為江蘇省立法政學校同班同學。先父存其書函，並裝訂成冊，想見珍愛之情，特附錄數信以為紀念。惜忙中有錯，僅於耐寒表伯函中保有和〈題符山堂圖〉詩，未覓得煦侯先生和詩，是為遺憾。

此輯耗時兩年，多蒙邢祖援表兄書屏、作序、題署封面，於世達先生、張白翎先生、各賜翰墨，王庚昆先生書寫扉頁、題詞，文史哲出版社彭正雄社長，任明藻老友及程凱老弟提供資訊與編排高見，始克勉強成輯，得以付梓永存，特於此敬謹感謝。

二零零四年九月　淮陰范　震於美俄亥俄州芸女寓

國家圖書館出版品預行編目資料

范耕研手蹟拾遺 / 范耕研著. -- 初版. -- 臺北市：文史哲，民 93

面：　公分. --（藞硯齋叢書；14）

ISBN 957-549-581-0(精裝)　ISBN 957-549-582-9(平裝)

1. 書法 － 作品集

943.4　　93023358

藞硯齋叢書　14

范耕研手蹟拾遺

著　　者：范　耕　研
出 版 者：文 史 哲 出 版 社
登記證字號：行政院新聞局版臺業字五三三七號
發 行 人：彭　正　雄
發 行 所：文 史 哲 出 版 社
印 刷 者：文 史 哲 出 版 社
臺北市羅斯福路一段七十二巷四號
郵政劃撥帳號：一六一八〇一七五
電話 886-2-23511028・傳真 886-2-23965656

中華民國九十三年（2004）十二月初版

著財權所有・侵權者必究

ISBN 957-549-581-0（精裝）
ISBN 957-549-582-9（平裝）